Einstellungstests
für Auszubildende

Sabine Hertwig
Alfons Weinem

Einstellungstests für Auszubildende

- Leistungs-, Wissens- und Knobelaufgaben
- Stressbewältigung im Test
- Mit exklusivem Internet-Service: www.bewerbung.falken.de

FALKEN

Im FALKEN Verlag sind weitere interessante Titel zum Bereich
Beruf und Karriere erschienen:
Bewerbung für den ersten Job (Nr. 2648)
Die schriftliche Bewerbung (Nr. 2567)
Das telefonische Job-Interview (Nr. 2569)
Die überzeugende Bewerbung (Nr. 2608)

Diese und weitere Titel sind überall dort erhältlich, wo es Bücher gibt.

Sie finden uns im Internet: **www.falken.de**

Der Text dieses Buches entspricht den Regeln der neuen deutschen Rechtschreibung.

Dieses Buch wurde auf chlorfrei gebleichtem und säurefreiem Papier gedruckt.

Ein Hinweis des Autorenteams: Nur der besseren Lesbarkeit halber verwenden wir im Text weitgehend die Formulierung „der Bewerber“. Natürlich sind beide Geschlechter gleichermaßen angesprochen.

ISBN 3 635 2572 6

Umschlaggestaltung: Init GmbH, Bielefeld
Redaktion: Dr. Olaf Grosch, Mirjam Karasek, Hampp Verlag, Stuttgart
Koordination und Schlussredaktion: Sabine Weeke
Layout: Ursula Buchwald, Hampp Verlag, Stuttgart
Herstellung: Hampp Verlag, Stuttgart/ Petra Zimmer
Fotos: Seite 8 PhotoDisc, Hamburg; S. 14 Mauritius, Stuttgart; S. 42 Tony Stone, München; S. 124 adidas, Herzogenaurach; S. 136 Stock Market, Düsseldorf

Satz: Rainer Maucher, Stuttgart
Druck: Ludwig Auer GmbH, Donauwörth

817 2635 4453 6271

Vorwort

Hallo Sie! Ja, genau Sie, Sie mit dem tollen Buch in der Hand! Sie sehen so aus, als gäbe es da einen Punkt in Ihrer näheren Zukunft, der Ihnen ein wenig Kopfzerbrechen bereitet. Wie? Hunderte? Na ja, jetzt lassen Sie mal den Weltschmerz beiseite. Wir reden immerhin von etwas ganz Konkretem, einer genau definierten Situation, die jedoch unaufhaltsam wie eine Lawine auf Sie zugerollt kommt. Vielleicht hilft Ihnen Folgendes auf die Sprünge: Traumjob = Bewerbung = Test = Eignungstest!
Na, ist der Groschen gefallen? Meinen Sie vielleicht, was da auf Sie zukommt, wäre gar nicht trainierbar? Oder Sie wüssten schon genug, um sich auch ohne uns durchzuschlagen? Dann beantworten Sie doch kurz folgende Fragen:

- Sagt Ihnen der Begriff „Assessment Center" etwas? Nein? Uns schon.
- Wissen Sie, wo der Golfstrom entsteht? Nein? Dann hilft Ihnen unser Buch weiter.
- Kennen Sie Übungen, die Ihre Konzentrationsfähigkeit messen? Nein? Wir aber.

Und unser sorgsam gesammeltes Wissen, das würden wir natürlich gerne an die Frau/den Mann bringen. Was Sie konkret erwarten dürfen?

- Eine Bestandsaufnahme zur Situation, in der Sie sich gerade befinden.
- Einen Ratgeber zum Umgang mit Stress und Prüfungen.
- Eine Seite zu Sinn (und Sinnlosigkeit) von Eignungstests, um den Frust loszuwerden.
- Eine Beschreibung und Erklärung aller derzeit gängigen Testverfahren bei Personalauswahlverfahren.
- Einen ausführlichen und praktischen Übungs- und Trainingsteil zu besagten Testmethoden.

Alles ist erlernbar und dieses Buch zeigt Ihnen, wie. Zusätzliche Informationen zur Bewerbung erhalten Sie auf unserer Internet-Seite *www.bewerbung.falken.de* und unter *www.jobpilot.de* – Europas unbegrenztem Karrieremarkt im Internet. Kostenlos bietet hier die Jobs & Adverts AG den Zugriff auf mehr als 120 000 aktuelle Stellenangebote. Das Unternehmen, heute mit „Jobpilot" in 19 Ländern vertreten, stellt Dienstleistungen und Produkte rund um das Thema Job und Karriere bereit. Wir wünschen Ihnen viel Erfolg!

Sabine Hertwig · Alfons Weinem

Extra –

Im Ziel –

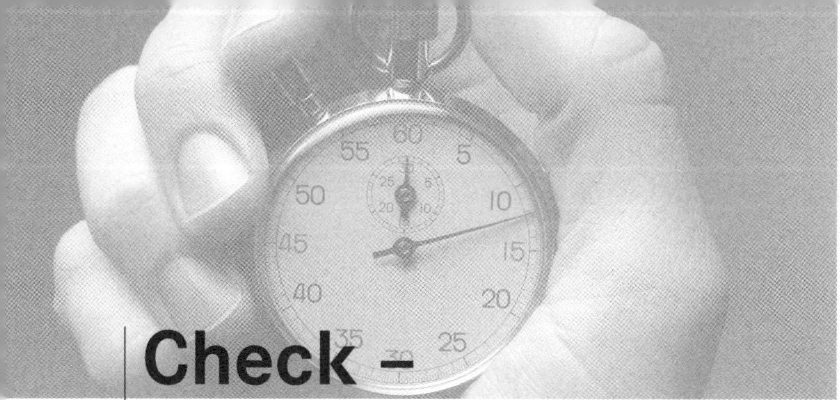

Check – Die Bestandsaufnahme

Glückwunsch, dass Sie jetzt hier sind und sich mit dem Thema „Eignungstest" überhaupt auseinandersetzen müssen. Denn das bedeutet mit allerhöchster Wahrscheinlichkeit, dass Ihre Bewerbungsmappe gut gewesen sein muss. Aber Vorsicht! Das soll keine Einladung sein, sich auf noch nicht vorhandenen Lorbeeren auszuruhen. Jetzt heißt es, sich auf den Eignungstest vorzubereiten.

Wir wollen es einmal so ausdrücken: Haben Sie im Biologieunterricht je aufgepasst, als von den Funktionsweisen und Mechanismen einer Kläranlage die Rede war? Ja? Dann erinnern Sie sich sicher noch an jene trübe Brühe am Anfang? Und Sie erinnern sich an den klaren, munter plätschernden Wasserstrahl am anderen Ende? Nun, dazwischen findet sich eine scheinbar unendliche Reihe von Gittern, Sieben, Sickergruben und Chemiekeulen, die filtern, stoppen, aufhalten und Barrieren bilden.

Nehmen Sie Einfluss auf den Bewerberfilter

Was Personalchefs wollen, ist reinstes, pures H_2O. Ihr derzeitiger Stand? Sie haben gerade vielleicht ein Sieb mittlerer Lochgröße passiert. Doch während die Teilchen und Atome in einer Kläranlage wenig Einfluss darauf haben, ob sie nun zu Wassermolekülen, Mikroben, Ölen oder Pilzkulturen zusammengesetzt sind, haben Sie diesen Einfluss durchaus.

Und damit zum eigentlichen ersten Schritt bei der Vorbereitung auf einen Eignungstest: der Frage, wer Sie sind und was Sie können. Das Persönlichkeitsprofil, dass Sie zur Beantwortung dieser Frage erstellen sollten, muss natürlich nicht die tiefsten Tiefen Ihrer Seele ergründen. Sie sollen auch keine traumatischen Erlebnisse Ihrer Kindheit ans Licht zerren oder von Ihren intimsten Geheimnissen berichten.

Stellen Sie sich einfach folgende zwei Fragen: Wie definieren Chefetagen, Personalchefs und Eignungstests reinstes, pures H_2O – den optimalen Mitarbeiter also? Und: Wie sind Sie im Hinblick auf diese Anforderungen beschaffen, wo liegen Ihre Stärken und Schwächen, wo Ihre Fähigkeiten und Kenntnisse?

Unser Tipp:

Lassen Sie sich bei Ihrer Selbsteinschätzung ruhig von einem Freund oder einer guten Bekannten helfen. Der Blick auf sich selbst ist im Allgemeinen leichter, wenn jemand den Spiegel hält.
Dabei sollten Sie sich die Frage nach Ihren Eigenschaften und Fähigkeiten zu drei wesentlichen Bereichen stellen:

- **Ihrer Intelligenz (oder dem, was landläufig als solche bezeichnet wird)**
- **Ihrer Sozialen Kompetenz (oder Emotionalen Intelligenz)**
- **Ihrem Verhalten in Prüfungssituationen (Ihrer Stressresistenz)**

Was kann ich?

Wie immer ist uns auch in diesem Kapitel klar, dass der Begriff der Intelligenz ein sehr vager, schwer zu erfassender ist. Im hier relevanten Zusammenhang - Fähigkeiten, auf die Sie sich prüfen sollten - haben wir uns jedoch von der pragmatischsten Auffassung dieses Begriffs leiten lassen und betrachten als Ihre Intelligenz lediglich das, was Intelligenz- und Persönlichkeitstests, wie sie für Personalentscheidungen eine Rolle spielen und wie sie dieses Buch behandelt, messen. Konkret bedeutet das, Sie sollten offen und ehrlich Ihren Leistungsstand in folgenden Bereichen beurteilen:

Checkliste Was kann ich?

- ☑ **Mathematisches Denken:** Prozentrechnung, Textaufgaben, Gleichungssysteme, Kaufmännisches Rechnen sowie erkennen und fortführen bestimmter Schemata in Zahlenreihen
- ☑ **Räumliches Vorstellungsvermögen:** Erkennen der korrekten Abwicklung räumlicher Figuren in der Ebene
- ☑ **Technisches Verständnis:** Funktion von Antriebssystemen und elektrischen Schaltkreisen, physikalische Grundkenntnisse
- ☑ **Merk- und Konzentrationsfähigkeit:** Einprägen und Merken von Begriffen, Sprachanalogien erkennen, Synonyme zuordnen

- **Rechtschreibung:** natürlich unter besonderer Berücksichtigung der neuen Rechtschreibregeln
- **Verbale Intelligenz:** Finden von Synonymen und Antonymen, Satzergänzungen, Zuordnen von Sprichwörtern, Einsetzen von Stammwörtern
- **Allgemeinbildung:** Grundwissen in den Bereichen: Politik, Geschichte, Wirtschaft und Geografie sowie Naturwissenschaften, Kunst und Kultur

Bilanz Ihrer Stärken und Schwächen

Aus der Frage nach der Arbeitgebererwartung und den eigenen Stärken und Schwächen ergibt sich dabei ganz automatisch eine Art Soll-Haben-Konto für jeden einzelnen dieser Bereiche. Vielleicht waren Sie schon immer musikbegeisterter Hobbymathematiker? Dann wird Ihr Konto in den Bereichen „Allgemeinwissen - Musik" und „Mathematisches Denken" natürlich nur schwarze Zahlen schreiben. Vielleicht haben Sie sich aber bisher noch nie dafür interessiert, weshalb ein Faß zum Fass geworden, der Fuß jedoch Fuß geblieben ist? Dann sollten Sie dringend den Bereich Rechtschreibung mit ein paar Finanz- und Übungsspritzen versehen.
Wie auch immer, Sie werden sehen, wie Ihr ganz privates, persönliches Konto aussieht. Und daraus wird sich für Sie die Möglichkeit ergeben, einen individuellen Trainings- und Übungsplan zu erstellen. Dort, wo Ihr Konto am weitesten überzogen ist, sollten Sie ansetzen und nicht eher loslassen, bis Sie sich selbst völlig sicher und kreditwürdig fühlen. Dieses Buch bietet Ihnen dabei einen detaillierten Überblick, welches Wissen in Eignungstests auf welche Art und Weise abgefragt wird, sodass Sie Ihr eigenes Können in den einzelnen Bereichen nach genau definierten und beschriebenen Maßstäben beurteilen können.

Wer bin ich?

So viel zum Kontostand. Doch es gibt noch eine weitere Komponente Ihrer Persönlichkeit, die Sie bei dieser ersten Bestandsaufnahme über sich und Ihre Fähigkeiten genau unter die Lupe nehmen sollten: Ihre so genannte „Emotionale Intelligenz", Ihre „Soft skills", Ihre „Soziale Kompetenz".
Dabei stellt sich auch hier ein altbekanntes Problem: Eine Definition, eine klar umrissene Beschreibung dieser Komponente ist keineswegs einfach. Entstanden sind Begriffe wie die eben genannten aus einer rapiden Veränderung des Arbeitsmarkts und der daraus resultierenden Anforderungen an die Arbeitenden. Wirft man einen Blick zurück auf die gerade aufblühenden Industrienationen des ausgehenden 19. Jahrhunderts und vergleicht sie mit den heutigen Ge-

sellschaften der so genannten Ersten Welt, so dürfte außer Zweifel stehen, dass eine der prägendsten Entwicklungen des 20. Jahrhunderts der Trend zur Dienstleistungsgesellschaft war.

Überlegt man sich nun, was diese so genannten „Dienstleistungen" ihrem Wesen nach ausmacht, so stößt man, egal um welchen Bereich von Tätigkeit es sich handelt, immer wieder auf eine bestimmende Gemeinsamkeit: Den Kontakt zur Umwelt, den Umgang mit anderen Menschen. Dass auf diesem Feld jedoch andere Fähigkeiten gefragt sind als mathematisches Denkvermögen oder klassisches Allgemeinwissen, dürfte jedem klar sein. Wichtig wurde neben den in Schule und Ausbildung vermittelten fachlichen Qualifikationen zunehmend die soziale, die „menschliche" Komponente einer Persönlichkeit, und Schlagworte wie Teamfähigkeit, Kontaktfreudigkeit, Flexibilität oder Kooperationsfähigkeit kamen auf. Heute sind sie aus Personalentscheidungen und Auswahlverfahren nicht mehr wegzudenken und fest im Hinterkopf eines jeden Personalchefs gespeichert. Die Begriffe „Emotionale Intelligenz" bzw. „Soziale Kompetenz" sowie der Anglizismus „Soft skills" sind dabei nichts anderes als der Versuch, für eine unbestimmbare Anzahl solcher Persönlichkeitsmerkmale eine Schublade, einen Sammelbegriff zu finden.

„Menschliche" Fähigkeiten sind gefragt

Was jedoch heißt all das für Sie und dieses Buch? Wir wollen Ihnen mit diesem kurzen Exkurs bewusst machen, dass Sie - egal in welcher Prüfungssituation Sie stecken werden - immer auch auf Ihr soziales Interaktionsverhalten und Ihre Wirkung nach außen hin beobachtet werden. Dieser Aspekt wird Ihnen vor allem im Kapitel „Assessment Center" detaillierter beschrieben werden, spielt jedoch im Grunde genommen bereits für die Begrüßung und den Händedruck vor jedem paper & pencil-Test eine wichtige Rolle.

Um diesen prüfenden Blicken nicht ahnungslos ausgeliefert zu sein, sondern bewusst Ihre Persönlichkeit in Szene setzen zu können, sollten Sie sich in diesem Bereich ebenfalls die Zeit für eine kleine Bestandsaufnahme nehmen. Und auch hier gilt einmal mehr: Holen Sie sich Unterstützung aus Ihrem Familien- und Freundeskreis.

Um Ihnen etwas aus der vagen Begrifflichkeit der Sozialen Kompetenz oder der Emotionalen Intelligenz herauszuhelfen, folgt ein kleiner Reiseführer durch Ihren persönlichen Bestand an Soft skills. Der Übersichtlichkeit halber beschränken wir uns hierzu auf fünf der wichtigsten Komponenten:

- Kommunikations- bzw. Kontaktfähigkeit
- Teamfähigkeit
- Selbstständigkeit

- Flexibilität
- Leistungsmotivation

Die Frage, die es für Sie persönlich zu klären gilt, lautet: Wie schätzen Sie sich bezüglich dieser fünf Bereiche ein und wie werden Sie von anderen gesehen? Um eine Antwort hierauf zu finden, gehen Sie am besten nach folgendem Schema vor:

1. Begriffsklärung
Schreiben Sie zu jedem der fünf Begriffe spontan drei Assoziationen auf. Bitten Sie Ihre Freunde, dasselbe zu tun.

2. Erinnerungen
Erinnern Sie sich nun bitte an fünf verschiedene Situationen, in denen jeweils eine der genannten Komponenten eine besondere Rolle gespielt hat. Das kann in einer Diskussionsrunde in der Schule gewesen sein, während einer Urlaubsreise mit Freunden oder einfach bei einer Streitschlichtung im Familienkreis. Beschreiben Sie die Begebenheit und erläutern Sie Ihre eigene Rolle dabei.

3. Orientierung
Beantworten Sie jetzt bitte folgende Fragen:

Kommunikations- bzw. Kontaktfähigkeit

Checkliste

- ☑ Verbringen Sie den Abend lieber zu Hause alleine vor dem Fernseher oder in einer Disco unter lauter Fremden?
- ☑ Wie leicht kommen Sie mit anderen Menschen ins Gespräch?
- ☑ Würden Sie von sich sagen, dass Sie viele Freunde und Bekannte haben?

Teamfähigkeit

Checkliste

- ☑ Wie leicht reizbar sind Sie?
- ☑ Werden Sie leicht neidisch, wenn andere Erfolg haben?
- ☑ Kritisieren Sie häufig die Arbeit anderer?

Selbstständigkeit

Checkliste

- ☑ Lassen Sie sich von Rückschlägen leicht entmutigen?
- ☑ Übernehmen Sie von sich aus Aufgaben, oder warten Sie auf Anordnungen?
- ☑ Wie gehen Sie mit Kritik um?

Flexibilität

Checkliste

- ☑ Ärgern Sie sich, wenn ein Freund kurzfristig eine Verabredung absagt?
- ☑ Ein Kinofilm, den Sie sehen wollten, wird nicht gezeigt. Fällt es Ihnen schwer, den Abend spontan anders zu gestalten?
- ☑ Brauchen Sie lange, um Entscheidungen zu treffen?

Leistungsmotivation

Checkliste

- ☑ Identifizieren Sie sich mit dem, was Sie tun und in Angriff nehmen?
- ☑ Ist ein Beruf ein notwendiges Übel, um sich ein angenehmes Leben leisten zu können, oder gehört er zu einem gelungenen Leben dazu?

4. Und zu guter Letzt

Beschreiben Sie einem Freund oder einer Freundin genau, was die fünf einzelnen Schlagworte für Sie persönlich bedeuten und wie Sie sich dabei einschätzen. Fordern Sie eine kritische Stellungnahme zu Ihren Ausführungen.

Damit ist natürlich noch längst kein ausführliches und psychologisch tief greifendes Profil Ihrer Persönlichkeit erstellt. Aber vielleicht ist es gelungen, Ihren Blick auf sich selbst etwas zu schärfen und Ihnen Anregungen zu einer genaueren Auseinandersetzung mit Ihren so genannten Soft skills und ihrer Präsentation zu geben.

Wie kann ich sein?

Damit bliebe nur noch eines: Auch die besten Voraussetzungen helfen Ihnen nicht weiter, wenn diese Sie im entscheidenden Moment kläglich im Stich lassen. Deshalb fragen Sie sich, bevor es so weit ist, unbedingt, wie es um einen dritten Bereich Ihrer Persönlichkeit bestellt ist: Ihre Stressresistenz und Ihr Verhalten in Prüfungssituationen.
Und wenn Ihnen Worte wie Black-out, zitternde Knie oder Stimmversagen nicht völlig fremd sind, wenn Sie in den Nächten vor Prüfungen schon mal stundenlang wach gelegen sind und vor Angst kein Auge zubekommen haben, wenn Sie an Schulaufgaben, mündliche Abfragen und Ihre Abschlussprüfungen nur mit Grausen zurückdenken, dann sollte das folgende Kapitel ganz besonders interessant für Sie sein.
Also, nehmen Sie auch diese Angst nicht als unveränderliche Größe in Ihrem Charakter. Blättern Sie lieber um, und lassen Sie sich überraschen.

Am Start – Bloß kein Stress

Eine Prüfung erzeugt bei fast allen Menschen Stress, doch die Reaktionen sind so verschieden wie die Menschen selbst. Während einige durch Stress weniger leistungsfähig werden, können andere sehr gut damit umgehen. Manche bekommen durch Stress sogar erst den nötigen Kick, um ihre volle Leistungsfähigkeit zu entfalten. Wie unterschiedlich Stress sich auswirken kann, zeigt das folgende Beispiel.

Die Angst vorm Versagen

Ein Beispiel aus der Praxis

Gebannt starrt Katharina auf die Tür. Gleich wird ein freundlicher Mensch diese Tür öffnen und sie und die anderen Mitbewerber hereinbitten. Sie spürt, wie ihre Hände zittern. Schweißperlen bilden sich auf der Stirn, das Herz rast, die Knie sind weich wie Pudding. Im Magen breitet sich ein flaues Gefühl aus. Ihr wird schlecht. Katharina hat das Gefühl, dass jeder ihren Zustand bemerkt. Sie bemüht sich, ihre Hände ruhig zu halten. Doch je mehr sie sich anstrengt, umso weniger will es ihr gelingen.

So wie Katharina geht es vielen Menschen. Ihre Gedanken drehen sich im Kreis. „Ich werde alle Fragen falsch beantworten. Bei meinen Voraussetzungen habe ich sowieso keine Chance, in diesem Test gut abzuschneiden. Mein Kopf ist vollkommen leer. Alles, was ich vorher gewusst habe, ist wie weggewischt. Was wird passieren, wenn ich diesen Test nicht bestehe? Woanders brauche ich es dann gar nicht mehr versuchen. Bei den anderen Einstellungstests werde ich auch versagen." Sie wünschen sich, schon vor Wochen ein Buch zur Vorbereitung auf Einstellungstests gekauft und es gründlich durchgearbeitet zu haben. Sie befürchten, sich völlig falsch vorbereitet zu haben, und haben Angst vor dem Versagen.

Angst vor Prüfungen hatten diese Menschen eigentlich schon immer. „Was wollen die überhaupt von mir? Was ich kann und weiß, können die mit diesem Test sowieso nicht herausfinden. Was sind das überhaupt für Leute, die sich anmaßen, mich zu prüfen? Die wollen mich nur reinlegen", sind Fragen, die sie sich stellen.

Doch es geht nicht allen so, wie folgendes Beispiel zeigt:

Ein Beispiel aus der Praxis

Katharinas Freundin Judith steht neben ihr. Sie spricht mit ein paar Freunden. Alle haben sich um einen Ausbildungsplatz zur Versicherungskauffrau beworben und sind zum Eignungstest eingeladen worden. Auch einige andere Kandidaten sind ziemlich nervös. Aber Judith plaudert locker und lächelt sogar. Man könnte fast meinen, dass sie sich auf den Test freut. „Kein Wunder", denkt Katharina, „bei ihr klappt ja auch immer alles." Jetzt erzählt Judith etwas und macht ulkige Verrenkungen, als wollte sie etwas vorführen. Die Vorstellung endet in allgemeinem Gelächter. Katharina kann nicht mitlachen. Verzweifelt setzt sie sich auf die Bank neben der Tür. Ihr Herz klopft so laut, dass sie denkt, alle anderen müssten es hören. Am liebsten würde sie jetzt weglaufen. Da öffnet sich die Tür ...

Eine Woche später kommt ein Brief mit dem Ergebnis. Judith gehört zu den besten, Katharinas Ergebnis hat gerade noch so eben ausgereicht. Mit nur einem Punkt weniger hätte sie es nicht geschafft. Beide sind natürlich erleichtert, dass alles gut gegangen ist. Aber dennoch macht Katharina sich Gedanken. Soll das denn immer so weitergehen? Dieser Eignungstest wird ganz bestimmt nicht die letzte Prüfung sein, die sie bestehen muss. Was macht Judith anders? Ist sie vielleicht einfach nur intelligenter als Katharina? Nein, das kann nicht sein. Denn ihre Schulnoten waren etwa gleich. Aber die Lehrer kannten Katharina schon lange. Sie wussten um ihre Prüfungsangst und hatten stets Rücksicht darauf genommen. Bei Eignungs- und Einstellungstests kann sie das allerdings nicht mehr erwarten.

Katharina beschließt, etwas gegen ihre Prüfungsangst zu unternehmen. Zuerst will sie mit Judith sprechen. Vielleicht kann sie ihr ja ein paar Tipps geben, wie man in einer solchen Situation ruhig und gelassen bleibt. „Wie war das bei dir, als wir den Test gemacht haben? Warst du gar nicht aufgeregt?", fragt sie ihre Freundin. „Doch, natürlich war ich nervös. Auch sonst habe ich vor Prüfungen immer ein wenig Angst", antwortet Judith.

Das ist auch ganz normal. Menschen, die noch nie Angst hatten, wird man nicht finden. Wenn wir uns bedroht fühlen, empfinden wir Angst. Dabei spielt es keine Rolle, ob die Bedrohung real ist oder ob wir sie uns nur einbilden. Fast jeder hat schon einmal etwas erlebt, das er als Bedrohung empfunden hat. Wenn sich dann Angstgefühle einstellen, so ist das eine natürliche Reaktion mit einer wichtigen Aufgabe. Die Angst sorgt dafür, dass wir uns bei Gefahren schützen und z. B. nicht einfach auf eine viel befahrene Straße laufen oder in einen Löwenkäfig springen. Angst sichert unser Überleben!

Neben den für unser Überleben wichtigen Ängsten, gibt es aber auch unangemessene, die unser Handeln und unsere Leistung beeinträchtigen. Sie hindern uns, unsere Ziele zu erreichen, und sie können sogar unserer Gesundheit schaden. Zu der Art der unangemessenen Ängste gehört auch eine extreme Prüfungsangst. Doch dieser Angst sind wir nicht hilflos ausgeliefert. Wir können lernen, sie in den Griff zu bekommen, indem wir uns mit unserer Angst auseinander setzen. Kehren wir noch einmal zu unserem Beispiel zurück. Wie könnte es weitergehen?

Ein Beispiel aus der Praxis

Katharina möchte von Judith erfahren, wie diese mit Angst und Aufregung vor Testsituationen umgeht. Judith weiß jedoch selbst nicht so genau, warum sie in Prüfungssituationen von dieser Panik verschont bleibt. Sie hat darüber noch nie nachgedacht. Durch Katharinas Fragen ist sie aber neugierig geworden, und so beschließen die beiden Freundinnen, der Sache auf den Grund zu gehen.

Dem Prüfungsstress ausgeliefert?

Wie wir auf Stress reagieren, hängt davon ab, wie wir gelernt haben, schwierigen Situationen zu begegnen. Als Katharina beschließt, mit Judith über ihr Problem zu sprechen und sich gründlich zu informieren, geht sie den einzig

richtigen Weg: Sie stellt sich aktiv dem Thema! Mit dieser Haltung kann es ihr gelingen, dem Prüfungsstress die gefährliche Spitze zu nehmen. Vielleicht wird sie sogar einmal zu den Menschen gehören, die Stress ganz bewusst positiv nutzen können.
Wenn auch Sie Ihre Angst aktiv angehen wollen, dann stellen Sie sich folgende drei Fragen zu Ihrem Empfinden von Prüfungssituationen:

Checkliste Empfinden von Prüfungs-situtationen

- ☑ Was denke ich?
- ☑ Was fühle ich?
- ☑ Was tue ich?

Schreiben Sie zunächst alles auf, was Ihnen spontan zu diesen drei Fragen einfällt. Es ist wichtig, dass Sie die Fragen beantworten, bevor Sie weiterlesen, denn Ihre Antworten könnten sonst von dem, was Sie auf den folgenden Seiten über Prüfungsangst erfahren, beeinflusst werden. Nehmen Sie sich zudem ausreichend Zeit für Ihre Überlegungen. Wenn möglich, sollten Sie über mehrere Tage alles sammeln, was Ihnen einfällt; neue Einsichten haben wir oft erst nach längerem Nachdenken.
Finden Sie dann anhand der folgenden Informationen heraus, wo Sie ganz persönlich etwas verändern können, um in Prüfungen gelassener als bisher zu reagieren – und damit bessere Ergebnisse zu erzielen.

Wenn die Gedanken Karussell fahren …

Zahlreiche Menschen haben die Angewohnheit, in Gedanken mit sich selbst zu reden. Sie überlegen, was zu tun ist, kommentieren ihr Handeln, ihre Leistungen und ihre Wirkung auf andere.
Mit solchen inneren Gesprächen steuern und kontrollieren wir das, was wir tun. Insofern sind diese Selbstgespräche hilfreich und nützlich. Problematisch wird es allerdings, wenn die innere Stimme zu selbstkritisch wird. Auch in Prüfungssituationen können solche negativen Selbstgespräche die Aufregung steigern und das Ergebnis verschlechtern. Die häufigsten dieser Denkfallen werden in diesem Kapitel beschrieben. Prüfen Sie genau, welche Sie in Ihrer Liste wiederfinden.

Übertreiben und verallgemeinern

Viele Menschen neigen dazu, alles, was schief geht, übertrieben genau in Erinnerung zu behalten und kleine Misserfolge zu verallgemeinern. Sie bauschen einen Fehlschlag zur Tragödie auf und rechnen von vornherein fest damit, dass auf eine schlechte Leistung viele weitere folgen werden. Eine Misserfolg ist für sie der Beweis, dass sie Versager sind. Doch das ist eine Empfindung, die der Realität meist nicht gerecht wird.

Sich selbst bestrafen

Es gibt Menschen, die den sowieso schon starken Druck einer Prüfungssituation nochmals steigern, indem sie sich selbst harte Strafen androhen, sollte das Ergebnis schlecht ausfallen. Diese Form von unangemessener Selbstbestrafung ist wenig nützlich, denn sie verstärkt die innere Anspannung und begünstigt ein schlechtes Abschneiden erst recht. Zu allem Überfluss kann sie zudem das Selbstbewusstsein beeinträchtigen und den Boden für das nächste Misserfolgserlebnis bereiten. Unsere Stimmung verschlechtert sich mehr und mehr, effektives Lernen ist schließlich kaum noch möglich. Psyche und Körper können auf diese Weise unter extremen Stress geraten, wir werden immer gereizter und oft sogar anfälliger für Krankheiten.

Versagen und Misserfolge herbeidenken

Versagensängste und Misserfolgserwartungen haben fatale Folgen: Sie begünstigen den Misserfolg. Die Angst vor dem Versagen damit bekämpfen zu wollen, dass man vorsichtshalber mit einem Misserfolg rechnet, ist eine schlechte Strategie und sollte unbedingt unterbunden werden.

Zur Entstehung von Versagensängsten

Die Angst kann dabei auf unterschiedliche Weise entstanden sein. So können zum einen vorangegangene negative Erfahrungen in Prüfungssituationen zu einer übersteigerten Ängstlichkeit geführt haben. Hat jemand beispielsweise erlebt, dass er für eine schlechte Leistung vom Lehrer vor der gesamten Klasse gedemütigt wurde, kann er leicht Angst vor der nächsten Leistungsanforderung entwickeln. Wenn er dann wieder versagt und vielleicht sogar abermals dafür herabgesetzt wird, besteht die große Gefahr, dass sich eine allgemeine Angst vor dem Versagen in allen Situationen herausbildet, in denen Leistungen gefordert werden. Im Laufe der Jahre können diese Ängste sich dann immer weiter verfestigen.

Eine Neigung zu großer Ängstlichkeit kann aber auch übernommen worden sein. Wenn Eltern sehr ängstlich sind und ihrem Kind bei jeder schlechten Note gleich ein vollständiges Scheitern in Schule und Leben vorhersagen (in der Absicht, das Kind zum Lernen zu bewegen), kann es leicht passieren, dass sich das Kind dieses Verhaltensmodell selbst aneignet und immer häufiger das

Schlimmste erwartet: „Ich werde den Stoff nie lernen können – Ich kapiere das sowieso nicht – Ich falle bestimmt durch – In der Prüfung werde ich keinen Ton herausbringen."

Viele Menschen halten dieses Denkmuster für einen guten Trick, um Enttäuschungen zu vermeiden, setzen damit aber vielmehr einen Teufelskreis in Gang. Denn wenn wir ein negatives Ergebnis erwarten, provozieren wir unwillkürlich das Scheitern, indem wir die jeweilige Aufgabe schlechter bearbeiten als in der Erwartung eines Erfolgs. Das schlechte Ergebnis bestätigt dann wiederum die Überzeugung, dass wir zu besseren Leistungen nicht fähig sind, und der Teufelskreis ist perfekt.

Unser Arbeitsspeicher

Wie gut wir eine komplizierte Aufgabe bearbeiten, hängt zum großen Teil davon ab, wie effektiv wir den Arbeitsspeicher unseres Gehirns nutzen. Unser Bewusstsein kann zu einem Zeitpunkt immer nur etwa sieben Einheiten verarbeiten. Wenn wir also eine Testaufgabe lösen wollen, gleichzeitig aber darüber nachdenken, dass sowieso alles schief gehen wird, beansprucht das einen großen Teil der Informationsverarbeitungskapazität unseres Gehirns. Für die eigentliche Aufgabe bleibt dann erheblich weniger Raum, als wir tatsächlich zur Verfügung haben. Die Folge sind unnötig schlechte Leistungen.

Konzentrieren Sie sich auf die gestellte Aufgabe

Immer perfekt sein müssen

Sehr hohe Ansprüche an die Qualität seiner Arbeit zu haben, ist im Grundsatz natürlich nicht falsch. Wer aber übertrieben perfektionistisch ist, trägt dazu bei, dass er unnötig schlechte Ergebnisse erzielt.

Perfektionisten denken oft bis zum Schluss darüber nach, ob sie eine Prüfung lieber aufschieben und sich noch einmal besser vorbereiten sollen. Sie reden sich ein, dass sie besser abschneiden werden, wenn sie es in einigen Monaten noch einmal versuchen. Einige erreichen ihren Abschluss dann erst sehr spät, andere gar nicht mehr. Oder sie erzielen ein schlechtes Ergebnis, weil sie sich aus ihrem Bestreben nach Perfektion zu lange mit der ersten Aufgabe aufhalten und die anderen dann unvollständig lösen.

Die Erwartungen anderer fürchten

Eine weitere Falle in der Phase der Prüfungsvorbereitung kann auch der Umstand sein, dass wir uns nicht genügend von der Erwartungshaltung anderer abgrenzen. Insbesondere Eltern, aber auch Freunde haben manchmal bestimmte Vorstellungen davon, wie erfolgreich wir sein sollen. Wir lenken uns ab, wenn wir darüber grübeln, was andere Menschen über uns denken könnten. Wieder wird der Arbeitsspeicher des Gehirns belastet, sodass sich der Raum für logische Denkoperationen und kreative Problemlösungsideen verkleinert. Unsere Leistungen bleiben dann unter unseren eigentlichen Möglichkeiten.

„Don't worry"

„Wenn ich in diesem Test nicht die nötige Punktzahl erreiche, werde ich bestimmt in allen weiteren Tests auch versagen. Was wird dann passieren? Ich brauche es dann woanders gar nicht mehr zu versuchen."

Klären Sie die Gründe für Ihre Ängste

Wenn solche oder ähnliche Gedanken Sie häufig plagen, dann sollten Sie sich fragen, warum Sie so übertrieben ängstlich und selbstkritisch sind und was Sie in der Vergangenheit erlebt haben. Wie haben die Eltern reagiert, wenn Sie eine schlechte Note nach Hause gebracht haben? Haben sie Sie verängstigt, vielleicht gesagt, dass nie etwas aus Ihnen werden wird? Das könnte eine Ursache sein für Ihre Sorgen.

Ein solches Gedankenmuster schadet, weil es Ängste schürt und dadurch unsere Fähigkeit zu logischem Denken und schließlich auch unser Gedächtnis beeinträchtigt.

Aus Angst in die Gleichgültigkeit flüchten

Eine Form, die eigene Prüfungsangst abzuwehren, ist die Flucht in die Gleichgültigkeit. Wir trösten uns damit, dass der Ausbildungsplatz, um den es geht, vielleicht gar nicht der richtige ist. Wir fragen uns, ob sich die Mühe überhaupt lohnt. Eigentlich ist dieser Beruf ja doch gar nicht so interessant. Wir haben uns nur beworben, weil man schließlich irgendeine Ausbildung haben und später irgendeinen Beruf ausüben muss.

Wer auf diese Weise vor der beruflichen Auseinandersetzung flüchtet, trägt viel zum Scheitern bei. Denn mit dieser Haltung werden wir nur auf Sparflamme kochen. Wir empfinden alles nur als lästige Pflicht. Nichts an der bevorstehenden Ausbildung macht uns Freude oder weckt Begeisterung. Dann ist es natürlich auch kein Wunder, dass eine Prüfungssituation als Stress erlebt wird und das Ergebnis schlecht ausfällt.

Prüfungen und Prüfer sind unmenschlich

Auch die Gesamteinstellung gegenüber einer Prüfungssituation hat Einfluss auf unseren Erfolg. Mit Widerwillen zum Test gehen, daran denken, wie sehr wir es hassen, geprüft zu werden, die Berechtigung der Prüfung in Frage stellen - eine solch negative Haltung erzeugt schnell schlechte Stimmung. Und diese behindert uns bei der Bearbeitung der Aufgaben. Wieder konzentrieren wir uns auf Dinge, die mit den Testaufgaben nichts zu tun haben und provozieren unnötig schlechte Leistungen.

Wenn der Körper zum Feind wird...

Körperliche Anspannung spüren fast alle Menschen in Prüfungssituationen. Diese Spannung wird erzeugt durch Stresshormone, die der Körper in jeder Situation ausschüttet, die er als Gefahr interpretiert. Das ist ein Überlebensprogramm, das schon zu Urzeiten im menschlichen Gehirn entstand und noch heute fest in uns verankert ist. Die Menschen damals mussten z. B. schnell angreifen oder fliehen, wenn ihnen etwa Gefahr durch ein wildes Tier drohte.

Das Gehirn schüttet Stresshormone aus, die dafür sorgen, dass der Körper schnell sehr viel Energie zur Verfügung hat, um diese Anstrengungen bewältigen zu können. Gleichzeitig wird das Denken blockiert, denn der Mensch soll bei Gefahr sofort handeln können, ohne lange zu überlegen. Für lebensrettende Reaktionen könnte es ansonsten längst zu spät sein.

Stress blockiert das Denken

Alarm!

Damit der Körper die Kraft hat, die er für Flucht oder Kampf benötigt, wird in Gefahrensituationen die Atmung schneller und flacher. Blutdruck und Puls steigen an, Zuckerreserven und Fettstoffe werden im Körper freigegeben. Der Organismus wird über das sympathische Nervensystem in einen Alarmzustand versetzt, der schnelle und wirksame Reaktionen erlaubt.

Beim modernen Menschen wirkt genau dieser Mechanismus bei Prüfungen oder Tests - denn für ihn besteht hier immer die Möglichkeit des Scheiterns und damit der Gefahr. Denn Versagen und Scheitern sind Erfahrungen, durch die unser Selbstwertgefühl bedroht wird. Und da dieses ein ganz zentrales Moment unserer Persönlichkeit ist, erleben wir seine Gefährdung als existenziell. Für uns wird eine Prüfung ebenso beängstigend wie für den Urmenschen der Braunbär, der um die Ecke gefegt kam, und unser Gehirn sorgt für den gleichen Energieschub wie das Gehirn des Urmenschen angesichts des Bären. Während dieser Mechanismus aber für den Urmenschen lebensrettend war, stürzt er uns ins Verderben.

In einer Prüfung ist genau die gegenteilige Reaktion angesagt: ruhig sitzen bleiben und kühl überlegen. Das ist dann jedoch nicht mehr so einfach: Da wir den Energieschub weder in der Flucht noch im Kampf verbrauchen, blockiert er unsere Gedanken und bewirkt, dass unsere Hände und Knie zittern und Schweißperlen auf die Stirn treten. Verfallen wir zudem in eine starre Haltung, braucht unser Körper besonders lange, um den Energieüberschuss abzubauen.

Die Stimme versagt, der Atem stockt

Bei starker Anspannung kann die Stimme versagen oder sogar Atemnot eintreten. Wenn Stress zu einem erhöhten Spannungszustand in der gesamten Körpermuskulatur führt, entsteht etwa der besagte Frosch im Hals. Zu Atemnot kommt es, weil die Einatmungsmuskulatur mengenmäßig die Ausatmungsmuskulatur überwiegt: Wir holen in einer solchen Situation zu viel Luft und stoßen zu wenig aus. Die Lunge ist überfüllt und wir können uns nicht entspannen. So bleibt gerade leistungsbetonten Menschen in Prüfungen oft buchstäblich die Luft weg. Die emotionelle Spannung veranlasst sie zum Luftschnappen und ein beengtes Empfinden in Brust und Hals entsteht.

Atem- und Stimmschulung machen Sie stresstauglich *(vgl. Seite 32ff.)*

Aber auch diesen Problemen sind wir nicht hilflos ausgeliefert! Atem- und Stimmschulung sind äußerst hilfreich, um auch in Stress-Situationen ruhig durchatmen und mit fester Stimme sprechen zu können.

Wenn das Chaos überhand nimmt …

Warten bis zur letzten Minute

Unangenehme Dinge schaffen wir uns oft vom Hals, indem wir sie vor uns herschieben. Manchmal ist das auch gar nicht so schlecht, denn manches hat sich nach einer gewissen Zeit von selbst erledigt. Vieles, aber nicht alles. Und bevorstehende Prüfungen oder Tests gehören leider nie dazu. Die Vorbereitungsarbeiten auf den letzten Tag oder die letzte Nacht zu verschieben, ist eine schlechte Strategie und hat in der Regel etwas mit der Angst vor der Prüfung oder aber mit schlechter Arbeitstechnik zu tun.

Ich weiß sowieso nicht, was drankommt ...

Diese Überlegung ist eine Ausrede. Natürlich kennen wir die Prüfungsaufgaben nicht. Aber Informationen über den Typ von Aufgaben in Einstellungstests gibt es genügend, u. a. in diesem Buch. Die Mühe, sie zu üben, lohnt sich. Wer das Prinzip einmal verstanden hat, wird ähnliche Aufgaben leichter bewältigen als jemand, der sich noch nie mit Einstellungstests beschäftigt hat.

Mein individuelles Prüfungsstressprofil

Tragen Sie zunächst Ihre Antworten auf die Fragen nach Gedanken, Gefühlen und Tun in Prüfungssituationen in die folgenden Checklisten ein. Sie erstellen sich so ein individuelles Prüfungsstressprofil. Die Fragen der ersten Rubrik beantworten Sie bitte aus dem Gedächtnis. Möglicherweise ist es notwendig, dass Sie sich selbst noch einmal genau in einer Situation beobachten, die einer Prüfungssituation vergleichbar ist.

Die Antworten auf die Frage in der zweiten Rubrik können Sie geben, wenn Sie sich an das bisher Gelesene erinnern. Vielleicht können Sie jetzt auch schon den dritten Fragenkomplex ausfüllen. Ergänzen die Sie Antworten, die Sie jetzt noch nicht geben können, nachdem Sie das dritte Kapitel gelesen haben.

Fertigen Sie sich am besten eigene Listen mit genügend Platz an.

Checkliste
Mein individuelles Prüfungsstressprofil

Checkliste

Gedanken

- **Was denke ich in einer Prüfungssituation?**

____

____

- **Wie nützlich oder schädlich ist dieser Gedanke?**

____

____

- **Was ich stattdessen in Zukunft denken werde:**

____

____

➔

Gefühle und Körperreaktionen

- Was fühle ich in einer Prüfungssituation? Wie reagiert mein Körper?

  ____

  ____

- Wie nützlich oder schädlich sind diese Gefühle und Körperreaktionen?

  ____

  ____

- Wie ich in Zukunft meine Gefühle und Körperreaktionen in den Griff bekommen werde:

  ____

  ____

Handlungen

- Was tue ich vor und während einer Prüfungssituation?

  ____

  ____

- Welche Handlungen sind nützlich oder schädlich?

  ____

  ____

- Was ich in Zukunft tun werde, um Prüfungsstress zu vermeiden:

  ____

  ____

Ihre persönliche Antistress-Strategie

Jetzt haben Sie eine Übersicht darüber, wie Stress in Prüfungssituationen bei Ihnen entsteht. Dieses individuelle Profil wird Ihnen in Zukunft helfen, Ihren Prüfungsstress besser in den Griff zu bekommen.

Später können Sie die Informationen der folgenden Kapitel auswerten, um herauszufinden, woran Sie sinnvollerweise arbeiten sollten. Auf der Grundlage Ihres Stressprofils können Sie dann Ihren ganz persönlichen Maßnahmenplan erstellen, der Ihnen helfen wird, Ihre Vorsätze in die Tat umzusetzen. Denn erst ein Katalog von Maßnahmen wird den verstreuten Notizen in den Checklisten die nötige Struktur geben, die eine Umsetzung möglich macht. Und er erleichtert die Überprüfung Ihrer Fortschritte.

Alles im Griff?!

Unsere Angst besiegen wir nur dadurch, dass wir Angst auslösenden Situationen begegnen, statt ihnen aus dem Weg zu gehen. Wenn wir häufiger die Erfahrung gemacht haben, dass unsere negativen Befürchtungen nicht eintreffen, dann verliert sich die Angst (vorausgesetzt natürlich, dass wir positive Erfahrungen machen konnten). Diese positiven Erfahrungen verschaffen wir uns am besten, indem wir uns gründlich auf eine Stress-Situation vorbereiten. Dazu gehört die Vorbereitung auf den Inhalt und die Vorbereitung darauf, ruhig in die Prüfung zu gehen. Für uns nützlich sind dabei Übungen, mit deren Hilfe wir uns in einen gelassenen und entspannten Zustand versetzen können.

Die Gedanken in Ordnung bringen

So, wie unsere innere Stimme uns Probleme schaffen kann, können wir sie auch bewusst gebrauchen, um schwierige Situationen besser als bisher zu bewältigen. Dazu müssen wir die Gedanken neu ordnen und so verändern, dass sie uns nutzen. Im Folgenden erfahren Sie, wie Sie dabei vorgehen können.

Auf den Boden der Tatsachen kommen

Sind wir uns darüber bewusst geworden, dass wir Misserfolge verallgemeinern und sie zu hoch bewerten, können wir beginnen, diese Haltung gezielt zu verändern. Statt uns also nach einem missglückten Test als Versager zu bezeichnen, sollten wir unser Urteil erst einmal auf seinen Realitätsgehalt hin prüfen: Stellen Sie sich dazu folgende Fragen:

Den wahren Kern Ihrer negativen Gedanken prüfen

- Ist jemand, der einmal einen Test nicht bestanden hat, tatsächlich in jeder Hinsicht ein Versager?
- Kann man wirklich aus jeder einzelnen Handlung auf den ganzen Menschen schließen?
- Ist jemand dumm, weil er eine einzelne Prüfung nicht bestanden hat?
- Inwieweit kann eine Prüfung/ein Test Intelligenz überhaupt messen?

Durch diese und ähnliche Fragen können Sie den Glauben an die Wahrheit Ihrer Gedanken erschüttern und eine der Wirklichkeit angemessenere Einstellung entwickeln. Zusätzlich können Sie sich motivieren durch Sätze wie: „Ich bin sehr gut vorbereitet. Ich werde mich im richtigen Moment an all das erinnern, was ich für die Lösung der Prüfungsaufgaben benötige. Die Prüfung wird mir Spaß machen. Ich werde sehr gut abschneiden." Man nennt das „positive

Selbstinstruktionen". Sie stärken das Selbstbewusstsein und verringern die Angst. Überlegen Sie sich selbst einige passende Selbstbestärkungen. Sie sollten optimistisch und auch realistisch sein. Auf diesem Weg können sie das pessimistische Ideengut allmählich überwinden.

Unser Tipp:

Um pessimistische Gedanken schneller zu verdrängen, schreiben Sie positive Aussagen auf und verteilen Sie die Zettel überall in der Wohnung. Sie können sie auch an den Badezimmerspiegel kleben. So stellen Sie sicher, dass Sie diese Sätze mehrmals am Tag lesen werden. Durch solche positiven Bestätigungen verändern sich die auf Prüfungssituationen bezogenen Denkinhalte, natürlich verknüpft damit, dass Sie sich auch wirklich auf die Prüfung vorbereiten. Die Sätze allein helfen nicht!

Sich selbst belohnen

Tun Sie sich etwas Gutes

In angenehmer Stimmung lernt es sich leichter als mit Angst, Anspannung und Langeweile. Sorgen Sie deshalb für gute Laune während Ihrer Vorbereitungsarbeit! Versuchen Sie, ein angenehmes Grundgefühl mit der gesamten Prüfungssituation zu verbinden, belohnen Sie sich für erreichte Teilschritte. Gerade in der Prüfungszeit ist es wichtig, dass Sie sich selbst Ihr bester Freund oder Ihre beste Freundin sind. Dabei ist allerdings auf die Art der Belohnung zu achten. Sie sollte konstruktiv und angemessen sein. Kleine Erfolge sollten nicht gleich mit einer Wochenendreise gewürdigt werden. Empfehlenswert sind Aktivitäten wie Joggen, Schwimmen oder Tanzen, denn so fördern Sie gleichzeitig Ihre körperliche Fitness. Das macht nicht nur gute Laune, sondern sorgt auch dafür, dass Ihr Geist wach und leistungsfähig ist.

Glaube kann Berge versetzen

Wir bestehen Prüfungssituationen besser, wenn wir positive Erwartungen an unsere Leistungen haben. Wer an den Erfolg glaubt, beeinflusst die äußeren Bedingungen zu seinen Gunsten. Die Kraft der Zuversicht ist eine reale Macht. Das hat nichts mit der „Macht des positiven Denkens" zu tun, die unsere eigenen Schwächen ausblendet. Das Vertrauen in den eigenen Erfolg hat nichts mit

Die Hürde als Chance

Eine optimistische Grundhaltung wird Ihnen immer hilfreich sein. Pessimisten sind weniger erfolgreich als Optimisten, weil sie aufgeben, wenn ihnen etwas nicht beim ersten Anlauf gelingt. Optimisten dagegen machen trotzdem weiter. Pessimisten betrachten die Hürden auf ihrem Weg eher als unangenehme Schwierigkeiten, Optimisten nehmen sie meist als Chancen wahr, die sich ihnen bieten und die eine Herausforderung darstellen.

Besinnen Sie sich auf Ihre Stärken

einer rosaroten Brille zu tun. Wenn wir uns auf das konzentrieren, was wir können, werden wir an der Verbesserung unserer Fähigkeiten arbeiten und damit auch unsere Schwächen verringern. Wenn wir allerdings immer wieder nur darüber nachdenken, was wir alles nicht können, fühlen wir uns schnell ohnmächtig und überfordert. Schließlich können wir aus dem gesamten Spektrum aller möglichen Fähigkeiten nur einen geringen Teil beherrschen. Es wird immer viel mehr geben, zu dem wir nicht in der Lage sind. Das trifft auf jeden Menschen zu. Erfolgreich aber sind nur diejenigen, die sich auf ihre Fähigkeiten konzentrieren und diese nutzen und ausbauen.
Aus dem Teufelskreis negativer Erwartungen und schlechter Leistungen können Sie ausbrechen, wenn Sie nicht mehr über einen zu erwartenden Misserfolg nachdenken. Stellen Sie sich stattdessen die Frage, was Sie bereits beherrschen und wie Sie Ihre Fähigkeiten noch verbessern und ergänzen können. Dann werden Sie einen Erfolgskreis in Gang setzen.

Auch mal fünfe grade sein lassen

Wenn wir alles perfekt machen wollen, vergeuden wir unter Umständen sehr viel Energie. Dies erklärt sich folgendermaßen: Um eine Aufgabe zu 80 Prozent zu erfüllen, benötigen wir eine gewisse Menge an Aufwand. Um sie aber zu 100 Prozent zu erfüllen, müssen wir nicht einfach noch mal 20 Prozent mehr Energie investieren, sondern die doppelte Menge, vielleicht sogar noch mehr. Alles hundertprozentig erledigen zu wollen, ist oftmals sehr unökonomisch.
Das Streben nach Perfektion belastet uns mehr, als es uns nützt. Es ist Folge verzerrter Wahrnehmung der Realität und schafft viele Probleme. Deshalb ist

es wichtig, sich solcher Gedanken bewusst zu werden, um ihnen dann systematisch ihre Macht zu nehmen. Viele Menschen können schon Änderungen bewirken, indem sie ihre unangemessenen Ansprüche an sich selbst durchschauen und überprüfen. Nützlich ist zudem, über einen längeren Zeitraum aufzuschreiben, was es mit den überzogenen Anforderungen auf sich hat, dürfte doch allein durch diese Notizen schon einiges klarer werden.

Perfektionismus kann auch Ausdruck einer tiefen Selbstunsicherheit sein. Dann ist es vor allem wichtig, etwas für den Aufbau des Selbstbewusstseins zu tun. Gute Vorsätze allein genügen in diesem Fall nicht, Veränderungen verlangen hier eine intensive Beschäftigung mit der Selbstwertproblematik.

Wichtig ist, was ich selber will

Eigene Prioritäten setzen

Finden Sie heraus, was Sie selber wollen. Schaffen Sie eigene Maßstäbe und handeln Sie danach. Sie werden Ihre Ziele so mit größerer Begeisterung erreichen, als wenn Sie sich an den Vorgaben anderer orientieren. Zudem werden Ihnen die Menschen bedeutend mehr Respekt zollen, wenn Sie nach Ihren eigenen Prioritäten leben und es nicht länger allen Recht machen wollen.

Und erstens kommt es anders...

Wenn wir immer das Schlimmste erwarten und glauben, ein kleines Versagen vernichte die gesamte Zukunft, dann sollten wir diese Befürchtungen ganz bewusst auf ihren Realitätsgehalt hin prüfen. Falls Sie zu diesen Menschen gehören, fragen Sie sich zuerst, welche Gründe wirklich für Ihre Mutmaßungen sprechen, denn oft lösen sich Ängste durch eine genaue Betrachtung bereits von selbst auf.

Im nächsten Schritt überlegen Sie sich, was schlimmstenfalls passieren kann, wenn Sie den Test wirklich nicht bestehen. Sie richten damit Ihren Blick auf die Möglichkeiten, die sich Ihnen auch nach einem gescheiterten Versuch bieten. Und überlegen Sie vor allem, welchen Nutzen auch ein gescheiterter Versuch für Sie haben kann. Bedenken Sie, dass die Kenntnis der Testaufgaben und das Erleben einer Prüfungssituation bei weiteren Prüfungen nützlich sind und die Erfahrung, dass auch nach einem missglückten Test die Welt nicht untergegangen ist, Ihnen Kraft für das nächste Mal geben kann.

Feuer und Flamme sein

Ratsam ist es zu prüfen, ob die Ausbildung, für die wir nun den Test hinter uns bringen müssen, auch wirklich die richtige ist. Denn manchmal können sich viele der vorab geschilderten Probleme allein schon durch die Begeisterung für den angestrebten Beruf in Luft auflösen. Dann haben wir nur noch das eine Ziel im Kopf, Prüfungs- und Selbstwertprobleme werden bedeutungslos, ein Gefühl des „Flow“ entsteht.

Ein Flow-Gefühl entwickeln

Als Flow bezeichnet man dabei einen Gefühlszustand der Zufriedenheit und des Glücks. Der Mensch befindet sich in einem mittleren Zustand von Erregung, der als angenehm empfunden wird. Flow ist weder belastend - wie bei einer mühevollen Anspannung - noch bedeutet er die schläfrige Müdigkeit einer totalen Entspannung. Im Flow befinden sich Menschen auf dem Gipfel ihrer Leistungsfähigkeit, weil sie den Anforderungen der Aufgabe voll entsprechen und ganz in der Tätigkeit aufgehen. Es entsteht ein Moment der Selbstvergessenheit: Die Aufmerksamkeit ist ganz auf die Aufgabe gerichtet, die Zeit verstreicht unbemerkt, Ablenkungen werden nicht wahrgenommen. Solche Tätigkeiten sind oft anstrengend, manchmal sogar gefährlich, aber nie langweilig.

Wer gut vorbereitet, mit Engagement und der Bereitschaft, die Dinge anzupacken, in eine Prüfungssituation geht, hat schon das meiste für sich gewonnen. Dynamik, Initiative, Begeisterung und Macherlaune sind hervorragende Mittel gegen Prüfungsangst, ebenso wichtig sind jedoch auch Geduld und Gelassenheit bei Problemen. Bedenken Sie, dass Schwierigkeiten und scheinbare Rückschläge zu allen Herausforderungen des Lebens gehören und wir nicht erwarten können, dass immer alles auf Anhieb gelingt. Niederlagen zu überwinden, ist eine Quelle persönlicher Stärke (vorausgesetzt, wir begegnen unseren Schwierigkeiten grundsätzlich mit der Bereitschaft zu lernen, statt mit Mutlosigkeit und Resignation).

Prüfungen sind das Salz in der Suppe

Prüfungen als Anreiz

Prüfungen und Tests sind Chancen, unsere Eignung unter Beweis zu stellen und einen Ausbildungsplatz zu bekommen. Statt uns auf das Bedrohliche der Situation zu konzentrieren, sollten wir sie als eine positive Herausforderung sehen, die unseren Ehrgeiz weckt, deren Bewältigung Spaß machen und unser Selbstvertrauen stärken kann. Übungsmaterial gibt es genügend - niemand muss ohne Vorbereitung in eine Prüfung gehen.

Das Gleiche gilt für die Haltung gegenüber Prüfern. Wenn wir überzeugt sind, dass der Prüfer uns persönlich neutral gegenüber steht oder vielleicht sogar die Absicht hat, uns zu unterstützen, dann ist unsere innere Haltung offener und wir bewältigen die Prüfungssituation deutlich besser. Schließlich machen die

Prüfer auch nur ihre Arbeit und haben nichts davon, die Kandidaten reinzulegen. Eher schon sind sie daran interessiert, allen Kandidaten eine faire Chance zu geben.

Lächeln Sie!

Der Angst mit einem Lächeln begegnen

Angst engt unser Verhalten ein. Es kann vorkommen, dass wir uns vor Angst kaum bewegen können und wie das Kaninchen vor der Schlange sitzen. An Gespräche oder sogar Lachen ist in diesem Zustand gar nicht zu denken. Dabei ist gerade dies ein gutes Mittel gegen Anspannung und Nervosität. Ein Gespräch mit anderen Prüfungskandidaten anzufangen, für einen Moment an etwas anderes zu denken, der Situation vielleicht sogar ihre komischen Seiten abzugewinnen, nützt allen.

Lachen ist gesund. Dieses alte Sprichwort gilt auch hier. Humor ist eine Wundermedizin gegen Angst und Unsicherheit. Durch Humor gelingt es uns, Distanz zu gewinnen. Wir entdecken das Absurde an einer Sache, und unser Lachen gibt Freiheit und schafft innere Entlastung. Es löst muskuläre Verspannungen, es sorgt für eine verstärkte Atmung und eine bessere Sauerstoffzufuhr zum Gehirn.

Und vor allem: Humor verbessert die Gedankenflüssigkeit; er lässt neue Ideen sprudeln. Wir finden etwas komisch, weil eine Norm verletzt wird, weil Dinge in Frage gestellt werden, weil bisher Selbstverständliches plötzlich absurd erscheint. Feste Strukturen lösen sich in ihre Bestandteile auf, die Einzelelemente werden neu zusammengefügt. Es gibt kaum ein besseres Mittel, die eigene geistige Beweglichkeit anzuregen. Und das ist ja bei einem Test schon fast das Wichtigste. Sie werden merken, dass Sie sich Ihren Aufgaben viel lockerer stellen können.

Unser Tipp:

Hilfreich direkt vor einer Prüfung ist der folgende Trick: Lächeln Sie – am besten an einem Ort, an dem Sie nicht gesehen werden – bewusst 60 Sekunden lang übertrieben stark. Dadurch werden Stresshormone abgebaut und das Gehirn dazu angeregt, Glückshormone auszuschütten.

Konzentration statt Konfusion

Wenn wir aufgeregt sind, zittern unsere Hände, und der Versuch, sie zur Ruhe zu bringen, macht oft alles nur noch schlimmer. Auch das Bemühen, Schweißausbrüche zu unterbinden, hat keinen Erfolg. Durch den Kampf gegen die körperlichen Symptome der Angst erreichen wir genau das Gegenteil von dem, was wir erreichen wollen. Je mehr wir uns dagegen wehren, umso stärker erleben wir die Situation als Stress. Statt weniger schüttet der Körper mehr Stresshormone aus, sodass die Symptome stärker statt schwächer werden. Ein wahrer Teufelskreis, den es zu durchbrechen gilt.

Keine Angst vor Lampenfieber

Ablenkung - z. B. durch Gespräche mit den anderen Kandidaten - ist eine Möglichkeit, dem Stress zu begegnen. Vor allem aber sollten wir lernen, das Lampenfieber und seine Symptome anzunehmen. Dies gelingt am besten, wenn wir uns klar machen, dass es ein nützlicher Helfer sein kann - wenn wir richtig damit umgehen. Auch Schauspieler haben nach Jahrzehnten auf der Bühne noch Lampenfieber - und sie möchten es gar nicht missen. Ein gemäßigtes Lampenfieber sorgt dafür, dass sie hellwach und voll konzentriert sind. Ohne diese positive Anspannung erreicht kein Darsteller die Bühnenpräsenz, die er für einen wirkungsvollen Auftritt braucht. Auch uns nützt in der Prüfung ein mittleres Maß an Lampenfieber, um alle Reserven voll auszuschöpfen.

Unser Tipp:

Wenn Sie zu starkem Lampenfieber neigen, können Sie es mit der ersten Übung (s. S. 32) auf ein optimales Maß reduzieren. Diese Übung sollten Sie in Ruhe zu Hause machen, bevor Sie zum Test gehen. Selbstverständlich können Sie sie auch sonst jederzeit als Entspannungsübung nutzen. Wenn die Anspannung eher erst unmittelbar vor Beginn der Prüfung zu stark wird, sollten Sie die zweite Übung - eine Atemübung - lernen (s. S. 33f.). Wenn Sie vor der Prüfung ein paar ruhige Minuten haben, können Sie diese Zeit nutzen, um sich mit dieser Atemübung die nötige Ruhe zu verschaffen.

Übermäßigem Lampenfieber können wir mit den beiden folgenden Übungen entgegenwirken. Sie steigern die Konzentrationsfähigkeit und schaffen eine leistungssteigernde Vorstufe der inneren Ruhe.

Sie können die Beschreibung der folgenden Body-scan-Entspannungsübung durchlesen und sich einprägen oder die Anweisungen auf ein Tonband sprechen und während der Übung abhören.

Übung: Body-scan

Zu Beginn lenken wir unsere Aufmerksamkeit auf die Zehen des linken Fußes und stellen uns vor, wir atmen in diese hinein. Wir bewegen uns langsam durch das ganze linke Bein aufwärts und versuchen alle Empfindungen wahrzunehmen, während wir den Atem in die einzelnen Bereiche lenken. Am Becken angekommen begeben wir uns in die Zehen des rechten Fußes und anschließend wieder zurück ins Becken, dann weiter aufwärts durch den Rumpf, die Lenden, den Bauch, Kreuz, Brust bis hoch in die Schultern. Als Nächstes atmen wir in die Finger beider Hände hinein. Dann bewegen wir uns durch beide Arme gleichzeitig wieder aufwärts in die Schultern zurück, von dort geht es weiter in den Hals, das Gesicht, den Hinterkopf und den Scheitel, wo wir schließlich wie ein Wal durch ein imaginäres Loch aus- und einatmen. Wir lassen den Atem im wahrsten Sinn des Wortes vom Scheitel bis zur Sohle durch uns hindurchfließen, als würde er durch die Öffnung am Scheitel in uns einströmen und durch die Zehen wieder austreten.

Was Atementspannung bewirkt

Wohlbefinden durch entspanntes Atmen

Wir können ganz gezielt etwas tun, damit unser Körper weniger Stresshormone ausschüttet. Bewusst und ruhig atmen ist ein besonders gut geeignetes Mittel. Die folgende Atementspannung kann in Ruhe zu Hause über einen längeren Zeitraum eingeübt werden und man kann sich selbst eine Kurzform für die letzten Minuten vor einer Prüfungssituation basteln.

Atementspannung steigert das körperliche und seelische Wohlbefinden und wirkt dem durch Stresshormone ausgelösten Alarmzustand des Körpers gezielt entgegen. Im Alarmzustand ist ein bestimmter Teil des Nervensystems, das sympathische Nervensystem, aktiviert. Dieses stellt dem Körper Kraft zur Verfügung. Wollen wir ruhig werden, sollten wir den Gegenspieler, das parasympa-

Übung: Atementspannung

Bewusst atmen

Setzen Sie sich aufrecht auf einen Stuhl und lockern Sie einengende Kleidungsstücke. Der Atem soll frei fließen können. Stellen Sie die Füße fest auf den Boden, die Hände liegen flach auf den Oberschenkeln oder im Schoß. Lassen Sie die Schultern entspannt aus dem Schultergelenk nach unten hängen, ziehen Sie sie nicht hoch. Der Kopf ist aufrecht. Die Augen können geschlossen oder auch geöffnet sein. Entspannen Sie nun bewusst Ihren Körper.
Übrigens: Sorgen Sie sich nicht darum, ob Sie diese Übung wirklich perfekt durchführen, denn dadurch wird die Entspannung nur unnötig beeinträchtigt.
Nehmen Sie nun sechs tiefe Atemzüge. Lassen Sie sich dabei etwas ins Ausatmen hineinfallen, vielleicht auch mit einem kleinen Seufzer. Atmen Sie dabei immer durch die Nase ein. Und nun beeinflussen Sie Ihren Atem bitte nicht mehr mit Ihrem Willen. Steuern Sie ihn nicht. Es atmet ganz allein in Ihnen. Lenken Sie Ihre Aufmerksamkeit auf die Nase, spüren Sie, wie die Atemluft durch die Nasenflügel hereinkommt und wieder herausströmt. Auch wenn Gedanken Sie ablenken, bringen Sie Ihre Aufmerksamkeit immer wieder auf die Empfindungen in der Nase zurück.
Jetzt lenken Sie Ihre Achtsamkeit auf die Bauchregion. Fühlen Sie, wie sich der Bauch vor- und zurückwölbt, sich nach oben ausdehnt und wieder zusammenzieht. Gut ist es, wenn Sie die Empfindungen in der Nase und in der Bauchregion zugleich spüren können. So ist Ihr Bewusstsein ganz auf das Atmen konzentriert, und bald werden immer weniger Gedanken oder Gefühle Sie belasten. Bei jedem Einatmen denken Sie das Wort „ein“, bei jedem Ausatmen das Wort „aus“. Begleiten Sie den Atem mit Ihren Worten und in Ihrem Tempo.
Unser Atem wird selbstständig geführt. Versuchen wir, mit dem Willen einzugreifen, stören wir ihn eher. Achten wir stattdessen auf die Empfindungen der Atmung, hören wir dem Atem einfach zu, ohne seinen Rhythmus zu beeinflussen, werden wir die Entspannung mehr und mehr spüren.

thische System, anregen. Dieses System ist für die Versorgung des Körpers mit Sauerstoff und Nahrung im Ruhezustand verantwortlich. Wenn wir es aktivieren, entspannen sich die Muskeln, das hormonale Gleichgewicht wird wieder hergestellt, der Blutdruck normalisiert sich, der Puls sinkt. Atmen Sie dazu ruhig und bewusst, und Sie werden merken, wie sich auch Ihre seelischen Vorgänge automatisch ändern: Sie empfinden weniger Spannung, Sie werden gelassener, Sie spüren Ruhe in sich selbst. Im Bewusstsein tritt Ordnung ein, die Gedanken kreisen nicht mehr so schnell im Kopf, mehr und mehr gewinnen Sie die Kontrolle über Ihre Gedanken und Gefühle zurück. Ausgeruht und entspannt können Sie mit klarem Kopf über die Aufgaben nachdenken, die im Test gelöst werden müssen.

Täglich üben

Sie können die Übung jederzeit einsetzen, den besten Trainingseffekt erzielen Sie jedoch, wenn Sie sie mindestens einmal am Tag etwa zehn Minuten durchführen. Das kann morgens sein, in einer Mittagspause oder am Abend.

Folge dieser Übung: Unser sympathische Nervensystem ist weniger erregt, es beruhigt sich, indem sich die Atmung normalisiert. Puls und Blutdruck senken sich ab - das hormonale Gleichgewicht wird wieder hergestellt, Muskelverspannungen vermindert, die Atmung gleichmäßig und tief. Eine weitere positive Folge ist ein gesteigertes seelisches Wohlbefinden: Wir haben positivere Gefühle, empfinden Ruhe und Frieden, sind gelassen, unsere Gedanken sind geordnet, unsere Wahrnehmung ist klarer, unser Bewusstsein aufgeräumt. Und wir haben auch etwas Wichtiges gelernt: Wir wissen, wie wir Inhalte des Bewusstseins, unsere Gedanken, Erinnerungen und Erwartungen, Wünsche und Bedürfnisse loslassen können.

Wieder stimmig werden

Wenn die Aufregung auf die Stimme schlägt, können wir durch Atem- und Stimmschulung lernen, bewusst und ökonomisch mit unserer Stimme umzugehen. Auch bei emotioneller Belastungen können wir dann ruhig und klar mit anderen kommunizieren.

Möglich ist dies, da Atmung, Stimmerzeugung, Klang- und Lautbildung durch sich wechselseitig beeinflussende Muskelsysteme gesteuert werden und wir die Spannungszustände der Muskulatur bewusst kontrollieren können.

Mit der folgenden Übung werden Sie ein Gespür für Ihre Muskulatur bekommen und lernen, beim Sprechen den gesamten Körper als Instrument zu nutzen. Ergebnis: Ihre Stimme erhält dadurch mehr Resonanz, und das Reden strengt Sie weniger an.

Übung: Aus der Mitte

Bewegungs- und Atemübung

Stellen Sie sich aufrecht hin und lassen Sie zwischen den Füßen etwas Platz. Jetzt schließen Sie die Augen und lassen den Körper langsam vor und zurück, dann nach links und dann nach rechts schwanken. Pendeln Sie um Ihren Schwerpunkt herum und kehren Sie nach jeder Bewegung zur Mitte zurück. Da alle Muskeln an dem Balancieren beteiligt sind, vertiefen Sie das Gespür für ihr Zusammenspiel. Wichtig ist, dass Sie sich bei dieser Übung das Empfinden für Ihren Schwerpunkt erarbeiten. Er entspricht der sogenannten Mitte, aus der der Ton, die Stimme im Idealfall kommen soll. Zur Unterstützung können noch rhythmische Bewegungen hinzugenommen werden. Sie können beispielsweise abwechselnd die Arme schwingen, als würden Sie ein Lasso werfen, und dabei ein rhythmisches „Hoo Hoo" rufen. Durch dieses Schwingen kommt die Stimme allmählich immer besser zur Entfaltung, und schon bald werden Sie die ersten Fortschritte registrieren.

Führen Sie Ihre Stimmübungen stets bewusst und mit hoher Aufmerksamkeit aus. Denn erst dadurch wird jener Spannungszustand der Muskulatur erreicht, der für eine gute Stimmfunktion notwendig ist. Einem sicheren Auftreten ohne Stimmversagen steht dann nichts mehr im Weg.

Selbstvertrauen stärken

Mangelndes Selbstvertrauen erzeugt häufig das Gefühl, den gestellten Anforderungen nicht gerecht werden zu können und nicht in der Lage zu sein, die Situation zu kontrollieren. Die auftretenden Versagensängste und der drohende Kontrollverlust lösen hochgradigen Stress aus.

Mithilfe der Übung auf der folgenden Seite können Sie Ihr Selbstvertrauen stärken. Das wird Ihnen nicht nur in Prüfungen nützlich sein, sondern natürlich auch immer dann, wenn Sie in anderen Fällen mit ungewöhnlichen und aufregenden Situationen konfrontiert werden. In dieser Übung nutzen Sie Ihr Vorstellungsvermögen und lernen, Ihre Gedanken bewusst zu steuern, um Ihr Selbstbewusstsein aufzubauen.

Übung: „Ja, ich kann's!"

Mentale Übung

Entspannen Sie sich!
Stellen Sie sich vor, Sie haben ein ungeheures Selbstvertrauen und sind mit sich und der Welt zufrieden. Erinnern Sie sich an eine Situation, in der Sie ein besonderes Hoch erlebt haben und aktivieren Sie dieses Gefühl.
Führen Sie sich vor Augen, wie Sie stehen, wie Sie atmen und wie Sie aussehen, wenn Sie sich in einem solchen Hoch befinden. Wenn Ihnen Ihre Haltung bewusst wird – aufrechter Rücken, Schultern gesenkt, Kopf hoch –, machen Sie mit einer Hand eine Faust, schlagen kräftig in die andere Handfläche und sagen laut: „Ja, ich kann's." Erleben Sie Ihre Atmung nun ganz bewusst, sie ist tief und kommt aus dem Unterbauch heraus.
Wiederholen Sie die Übung noch einmal und achten Sie jetzt auf Ihren Gesichtsausdruck: Augen und Kiefer drücken Selbstvertrauen und Entspanntheit aus. Lassen Sie den Gesamteindruck Ihres Körpers kurze Zeit auf sich wirken und erleben Sie den verbesserten Zustand Ihres Bewusstseins.
Nachdem Sie die Übung mehrmals durchgeführt haben, sollte der erfreuliche seelische Zustand fest in Ihrem Gedächtnis gespeichert sein. Sie können ihn vor oder während einer Angst auslösenden Situation aktivieren, indem Sie einfach eine Faust ballen und sich selbst die Bestätigung geben, die Sie brauchen, auch wenn Sie dabei nur flüstern oder den Satz in Gedanken sagen.
Diese Übung sollten Sie häufig wiederholen, damit sich dieses neu erworbene Gefühl von Selbstbewusstsein fest in Ihrer Vorstellung verankern kann.

Kraft aus sich selbst schöpfen

In Prüfungssituationen ist es wichtig, dass wir ausgeglichen und ruhig sind, statt abgelenkt und unkonzentriert dazusitzen und uns wie Opfer zu fühlen, denen etwas angetan wird. Aktives Handeln ist angesagt. Wir benötigen hierzu eine enge Verbindung zu uns selbst, die Fähigkeit, uns zu zentrieren. Die folgende Übung unterstützt uns dabei.

Übung: Zentrieren

Konzentrationsübung

Das Grundprinzip für das Finden des Gleichgewichts im Unbekannten – in inneren und äußeren Konflikten – ist das Zentrieren. Es führt zu einer gesteigerten Bewusstheit des Augenblicks. Statt Opfer zu sein, dem etwas zustößt, werden wir zum aktiv Handelnden im eigenen Leben.
Entspannen Sie Ihren Körper hierfür zunächst vollständig. Schütteln Sie sich aus. Atmen Sie dreimal bewusst ein und aus und lenken Sie dabei die Aufmerksamkeit in das Zentrum des Bauches. Erweitern Sie Ihre periphere Wahrnehmung. Sehen Sie weit, hören Sie weit, fühlen Sie weit. Erlauben Sie Ihrem Gewicht, unter Ihnen zu sein, und stellen Sie sich vor, Sie würden durch die Fußsohlen einatmen. Denken Sie paradox: Je mehr X (eine Störung), desto stärker achte ich auf mein Zentrum. Oder: Je lauter er schreit, desto ruhiger werde ich mich in meinem Körper fühlen.
Stellen Sie sich einen Augenblick eine Situation vor, in der Sie sich von ganz allein zentrieren, um diese Fähigkeit auch in einer Stress-Situation wieder aktivieren zu können.

Ordnung im Chaos schaffen

Wie isst man einen Elefanten? Na, Stück für Stück natürlich! Das heißt: rechtzeitig mit der Vorbereitung beginnen, diszipliniert arbeiten, geschickte Lerntechniken nutzen. Große Bedeutung hat dabei ein kluges Zeitmanagement. Es ist weder effektiv, rund um die Uhr zu lernen, noch bis zum letzten Tag mit dem Training zu warten. Wir sollten unsere Zeit realistisch einteilen. Dazu gehört ein angemessenes Mischungsverhältnis von Lernzeit, Freizeit und Alltagszeit. Wenn Sie mit Ihren Vorbereitungen nicht rechtzeitig fertig werden, sollten Sie prüfen, ob Sie Ihre Zeit richtig organisieren.
Führen Sie eine Zeit lang Protokoll über Ihr Arbeits- und Freizeitpensum, und Sie werden herausfinden, wo Sie ineffektiv sind, wo die tückischen Zeitfresser verborgen sind. Und bedenken Sie, dass wir bei der Zeiteinteilung mit uns und nicht gegen uns arbeiten sollten. Wenn wir uns zu etwas zwingen, was wir sowieso nicht schaffen können, ist der Misserfolg bereits programmiert.

Der Fantasie freien Lauf lassen

Wichtig ist es, dass Sie sich innerlich - mental - auf die Prüfung einstellen. Das geht am besten, indem Sie sich die Situation so genau und realistisch wie möglich vorstellen. Dann verliert auch eine beängstigende Prüfungssituation ihre Schrecken. In Ihrer Fantasie haben Sie so schon einmal alles erlebt und die positive Erfahrung gemacht, die Angst auslösende Situation zu überstehen. Genannt wird diese Methode mentales Training und insbesondere Sportler nutzen sie mit großem Erfolg. Auch Sie können das mentale Training lernen und anwenden.

Übung: Mentales Training

Mentale Übung

Jeder Mensch besitzt Vorstellungsvermögen und die Fähigkeit, innere Bilder zu erzeugen. Wenn wir neben unserem logischen auch diese Art des Denkens bzw. der Informationsverarbeitung nutzen, schöpfen wir das Potenzial unseres Gehirns besser aus als durch ausschließlich logisches Denken.

Ein lebendiges Vorstellungsvermögen ist die Grundlage für Fantasien und Visionen, die uns leiten und motivieren können. Es lohnt sich, mithilfe der Vorstellung eine Reise in die eigene Zukunft zu unternehmen und in Tagträumen schwierige Situationen durchzuspielen. Auch neue Ideen entstehen auf diese Art leichter. Und nun zur Übung:

Stellen Sie sich im Zustand der Entspannung eine angenehme Szene vor, in der Sie sich sehr wohl gefühlt haben: z. B. im Urlaub am Strand oder im Schnee, beim Wandern im Gebirge oder im Wald. Lauschen Sie noch einmal den Geräuschen und Tönen, die Sie gehört haben, sehen Sie noch einmal alle Bilder dieser Szene, riechen Sie die Gerüche und spüren Sie Ihren Körperempfindungen nach. Erleben Sie alles noch einmal. Genießen Sie dieses angenehme Gefühl ganz bewusst.

Stellen Sie sich jetzt vor, wie Sie im Laufe des Tages oder in ein oder zwei Wochen einen Test zu bestehen haben. Malen Sie sich auch diese Situation so detailliert wie möglich aus. Sehen Sie sich den Raum betreten. Schauen Sie genau hin! Wie sieht der Raum aus? Welche

Gerüche können Sie wahrnehmen? Was hören Sie? Beobachten Sie dann, wie Sie den Bogen für den Test ausgehändigt bekommen, wie Sie ihn in Ruhe gründlich durchlesen und wie Sie dann, sicher und überlegt, eine Frage nach der anderen beantworten. Dabei fühlen Sie sich ruhig und entspannt. Die Antworten fallen Ihnen schnell ein, rechtzeitig haben Sie alle Aufgaben gelöst. In Ruhe lesen Sie schließlich noch einmal den gesamten Bogen durch und überprüfen Ihre Antworten. Stellen Sie sich vor, dass Sie die verfügbare Zeit ganz ausnutzen und kurz vor Ende der verfügbaren Zeit Ihren Bogen abgeben können. Der Testleiter nimmt den Bogen mit einem freundlichen Lächeln entgegen und Sie verlassen den Raum angeregt plaudernd, zusammen mit einigen anderen Teilnehmern.
Wiederholen Sie dieses mentale Training so lange, bis Sie schließlich die angenehmen Gefühle des Urlaubs auf die Prüfung übertragen können.

Ihr individueller Maßnahmenplan

Wenn Sie zu den Menschen gehören, die eher mit einem Misserfolg als mit einem Erfolg rechnen, oder wenn Sie bereits Prüfungen nicht bestanden haben, sollten Sie sich eine kritische Frage stellen, bevor Sie Ihren individuellen Maßnahmenplan erstellen: „Was habe ich davon, wenn ich versage?" Diese Frage erscheint auf den ersten Blick unsinnig. „Natürlich habe ich nichts davon!", werden Sie antworten. Setzen Sie sich trotzdem mit der Frage auseinander und bleiben Sie ehrlich.
Vielleicht ist es ja ganz bequem durchzufallen. Dann haben Sie noch etwas Aufschub, bevor Sie mit einer anstrengenden Ausbildung beginnen. Dies wäre ein Beispiel für mögliche verborgene Gedanken, das auf Sie nicht zutreffen muss. Aber vielleicht entdecken Sie bei genauem Hinsehen ähnliche Überlegungen bei sich selbst. Erst wenn Sie diese geheimen Gedanken wahrgenommen haben, wenn Sie über sie nachgedacht haben, sollten Sie Ihren individuellen Maßnahmenplan in Angriff nehmen.
Schauen Sie sich jetzt noch einmal Ihre Checklisten an. In der Rubrik mit der Überschrift „Handlungen" haben Sie festgehalten, was Sie in der Zukunft ändern möchten. Damit es nicht bei guten Vorsätzen bleibt, sollten Sie jetzt einen Plan erstellen, nach dem Sie diese Veränderungen in die Tat umsetzen wollen.

So kann ich Erfolg haben

Mein individueller Maßnahmenplan

- Vorsatz

- Was werde ich genau tun?

- Wie kontrolliere ich mich?

Hängen Sie sich Ihren individuellen Maßnahmenplan an den Badezimmerspiegel, damit Sie ihn zwischen den vielen Bewerbungsvorbereitungen nicht vergessen.
So, und nun geht es in die Testrunde! Wir fassen zusammen: Eine Menge Stress und Prüfungsangst können Sie sich allein dadurch vom Hals halten, dass Sie sich gut vorbereiten. Und darum werden Sie in den nächsten Kapiteln viele Nüsse zu knacken haben. Aber: Halten Sie durch. Es lohnt sich!

Im Rennen – Die Eignungstests

Aufgepasst: Hier ein Satz, der in dieser Form eigentlich in keinem Buch auftauchen sollte: „Dieses Kapitel könnten wir uns sparen." Denn: Zugegeben, Eignungstests sind manipulierbar, fragwürdig und überhaupt nicht aussagekräftig, und – ja – es ist der Wunsch nach Unmöglichem, nach dem Blick in die Zukunft eines Bewerbers, der Firmen immer wieder auf die neuesten Formen der Intelligenz- und Persönlichkeitstests hereinfallen lässt. Sicher, es sind immer noch die Schauspieler und Verstellungskünstler, welche die Lorbeeren einheimsen. Und natürlich wäre ein Albert Einstein durchgefallen, und von Picasso hätten sie nicht einmal die Bewerbungsmappe genommen.

Schimpfen oder lächeln

Diese und andere Argumente sind hinlänglich bekannt. Nur – wozu um alles in der Welt wollen Sie das hören? Sie haben sich für die Bewerbung bei einem Unternehmen entschlossen, das nun einmal auf Auswahlverfahren per Eignungstest vertraut. Jetzt gibt es zwei Möglichkeiten: Schimpfen, bis man es schon von Weitem hört und Ihre Miene so sauertöpfisch wird, dass Sie an der Gesichtskontrolle scheitern, oder eben lächeln und durch? Na?

Oder wollen Sie etwa sagen, es täte gut, schimpfen, wüten und toben zu können? Tja, da fällt auch uns kein Gegenargument mehr ein, und deshalb geben wir Ihnen fünf Minuten und die wichtigsten Stichpunkte, um sich auszutoben:

Wichtige Kritikpunkte, die sich in der Tat bei der Beurteilung von Eignungstests anführen lassen, beziehen sich auf:

- die fragwürdigen Grundlagen (Was eigentlich ist Intelligenz, Persönlichkeit oder Berufseignung?)
- die fragwürdigen Test-Inhalte ohne wirklichen Bezug zur Berufspraxis

- die fragwürdige Test-Situation, die für den Prüfling häufig unangenehm und erniedrigend ist
- die fragwürdige Objektivität der Prüfenden und Kompetenz der Auswertenden

Doch damit aber auch *genug*! Jetzt wird gearbeitet - und gelächelt.

Auf den folgenden Seiten finden Sie Beschreibungen aller derzeit gängigen Testarten sowie ausführliche Übungs- und Trainingsaufgaben. Hier ein kurzer Überblick:

Kenntnistests

Hier ist Ihr Wissen gefragt

In diesem Abschnitt geht es vor allem um solide Sachkenntnisse. Abgefragt wird das Wissen, das Sie sich im Laufe Ihres Lebens, in der Schule, in der Ausbildung oder durch die Medien des gesellschaftlichen Lebens bisher angeeignet haben. Dabei werden durch zahlreiche Aufgaben und Übungen folgende drei großen Bereiche abgedeckt:

- **Sprache:** Rechtschreibung, Zeichensetzung und Wortschatz
- **Mathematik:** Prozentrechnung, Textaufgaben, Gleichungssysteme, Kaufmännisches Rechnen und Zahlenreihen
- **Allgemeinbildung:** Politik und Staatsbildung, Politik und Geschichte, Wirtschaft, Geografie, Naturwissenschaften, Literatur, Malerei und bildende Künste, Musik, Film und Sport

Eines können wir Ihnen dabei mit Sicherheit voraussagen: Sie werden auf zahlreiche Wissenslücken stoßen und viel Neues erfahren. Seien Sie nicht frustriert, wenn Sie immer wieder Fragen falsch beantworten oder sich ratlos am Kopf kratzen. Zum einen erwartet ja niemand von Ihnen, dass Sie tatsächlich in allen behandelten Bereichen versiert und bewandert sind. Auch in einem Einstellungstest wird das niemand tun. Zum anderen haben wir mit dieser Auswahl an Fragen und Übungen absichtlich einen größeren Rahmen abgesteckt und höhere Maßstäbe gesetzt, als im Ernstfall auf sie zukommen werden. So gehen Sie mit Sicherheit für alle Eventualitäten gerüstet ins Rennen - und ganz gewiss mit einem sicheren Vorsprung. In diesem Sinne. Auf die Plätze - fertig - los!

Sprache

Rechtschreibung/Zeichensetzung

Korrigieren Sie im nachfolgenden Text die vorhandenen Fehler und vervollständigen Sie die Zeichensetzung! Es gilt die neue deutsche Rechtschreibung. Sie haben 8 Minuten Zeit für diese Aufgabe.

Der erste Marathonlauf der Frauen bei Olympischen Spielen

Die Siegerin lief strahlend durch das Ziel. Leicht und lokker wie viele andere auch. Zur Tragödie aber und gleichzeitig einem Bild des Grauens wurde der Lauf

Sprache: Rechtschreibung/ Zeichensetzung

der Gaby Andersen-Schiess, die zuvor bereits einige grosse Marathonläufe gewonnen, hier aber die letzte Versorgungsstelle verpaßt hatte und unter grossem Wasserverlust nach einem Hitzschlag ins Stadion wankte. Ein Reporter berichtete darüber:
Sieg des Willens oder Grimasse des Sports?
„Nach 35 Kilometern kommt die Wand“, sagen viele Marathonläufer. Diese Wand hätte Gaby Andersen-Schiess beinahe erschlagen. Diese Bilder werden nicht nur in die Geschichte des Marathons eingehen. In der Geschichte des Sports werden diese Bilder zukünftig hoffendlich Antwort auf die Frage geben: „Wie weit darf ein Mensch gehen, um sich seine Träume zu erfüllen?“ Darf er bis zum äußersten gehen? Sogar bis in den Tod?
Die Frau wanckt aus dem Tunnel in die strahlend heiße Sonne. Die Frau läuft nicht, sie torkelt. Steif und steltzig setzt sie ein Bein vor das andere. Ihr Oberkörper ist zur Seite abgeknikt. Das Gesicht hat sie schräg nach oben gedreht. Die Bewegung der Arme der Beine des Körpers sind zuckend, abgehackt, verzehrt. Unendliche, quällende fünf Minuten lang wanckt die Frau um die Bahn. Jeder Schritt ist eine Tourtur. Es scheint, als sei ihre linke Seite nahezu gelähmt. Auch das Gesicht zeikt auf dieser Seite keine Spannung mehr. Lippen und Wange hängen schlaff. Ist daß die Grimasse des Sports? Das grinsende Spiegelbild einer Menschheit, die sich nur noch an Extremen ergöttzen kann? Oder ist dies der Sieg des Willens, des Intelleckts über die Schwäche des Fleisches? Erleben wir hier einen Triumph des Menschen oder seine zynische Karrikatur? Ärzte laufen neben der Frau. Sie strecken ihre Arme aus aber sie berühren die Frau nicht. Wenn sie gestützt, gehalten, geführt wird, ist das Rennen für sie beendet. So ist das Regllement. Aber ist es wirklich noch ein Rennen? Warum erlöst keiner der Ärzte diese Frau? Wer gibt ihnen das Recht, die Qual des Menschen zum Schauspiel zu machen? Gaby Andersen-Schiess macht den letzten Schritt, über die Zielinie. Die Ärzte fangen sie auf, legen ihr ein kaltes Tuch in den Nacken, betten sie auf die Trage, kühlen Kopf und Stirn. Die Frau auf der Trage verschwindet durch eine Tür aus der Arrena. Die Menschen atmen auf, sie fühlen sich erlöst von der Schuld, zugeschaut und nichts getan zu haben. Der Spuk ist vorüber. Gaby Andersen-Schiess wird in das Medical-Center des Stadions gebracht.
Diagnose: Ihr Körper ist völlig ausgetrocknet, Hitzestau.
Behandlung: Intravenuöse Zuführung von Mineralien, Aufnahme von Flüsigkeit.
Nach kurzer Zeit kommt sie zu sich. Eine Stunde bleibt sie liegen. Nach zwei Stunden ist sie wieder in ihrem Zimmer im olympischen Dorf. Ein unvorstell-

barer, hysterischer Ansturm setzt ein. Zeitungen, Radiostationen, Fernsehsender. Die Welt will wissen wer diese Frau ist. Und sehen, daß sie noch lebt. Am Abend, zwölf Stunden danach erscheint sie auf dem Bildschirm des TV-Senders ABC. Sie lächelt. Triumph des Willens über die Schwäche des Fleisches!?

▸ *Lösung siehe Seite 140f.*

Begriffe

Was versteht man unter den folgenden Begriffen? Sie sollten diese Aufgabe in 15 Minuten bewältigen können.

Sprache: Begriffe

1 *Blaues Kreuz*

a) Verein zur Bekämpfung des Alkohols
b) die Schwesterorganisation des Roten Kreuzes in Afrika
c) christliches Symbol
d) Verkehrszeichen

2 *Blauröcke*

a) traditionelle schottische Kleidung b) Feuerwehrleute
c) Jäger d) Modetrend

3 *Bœuf Stroganow*

a) Rind, das mit Rinderwahnsinn infiziert ist
b) russischer Komponist
c) kleine Filetstücke in pikanter Soße
d) Dessert

4 *Bouillabaisse*

a) Fischsuppe b) Fachbegriff an der Börse
c) französisches Schimpfwort d) niedriges Tor

5 *Braunhemden*

a) Männer, die gern braune Kleidung tragen b) Kampfgruppe der Nazis
c) Durchfall d) Modetrend

6 *Chateaubriand*

a) Schloss bei Paris b) dicke Rinderlendenschnitte
c) Kognaksorte d) Dessert

7 *Cordon bleu*
a) blauer Knoten
b) Angriffsformation der französischen Fußballnationalmannschaft
c) Kalbssteak mit Käse und Schinken
d) Fachbegriff im Golf

8 *Das gelobte Land*
a) Ägypten b) der Garten Eden c) Deutschland d) Palästina

9 *Der blaue Engel*
a) Cocktail b) betrunkene Schönheit
c) hochprozentige Süßigkeit d) Marlene Dietrich

10 *Dicke Bertha*
a) 42-cm-Mörser im 1. Weltkrieg b) Kosename für eine etwas dickere Frau
c) Mieder d) bestimmte Art der Straßenlampen

11 *Die Blau-Gelben*
a) französische Fußballnationalmannschaft
b) die Fußballmannschaft von Borussia Dortmund
c) F.D.P.
d) Rettungssanitäter

12 *Die Ewige Stadt*
a) Paris b) Bonn c) Peking d) Rom

13 *Dreifaltigkeit*
a) Papst, Petersdom und Vatikan b) Gott Vater, Sohn und Heiliger Geist
c) Bild von Raffael d) Bezeichnung für die Bibel

14 *Dreikampf*
a) Boxkampf zwischen drei Parteien b) Leichtathletik
c) Sportart im alten Rom d) Tauziehen mit drei Personen

15 *Dritter Stand*
a) Bürgertum im Mittelalter b) Gehstock
c) Kessel mit drei Beinen d) Bauern

Sprache: Begriffe

16 *Eiserne Lunge*

a) Gerät zur Wiederbelebung
b) Gerät zur künstlichen Beatmung
c) Waldgebiet in Industriestädten
d) Ersatzteil für Automotor

17 *Eiserner Kanzler*

a) Willy Brandt
b) Gerhard Schröder
c) Konrad Adenauer
d) Reichskanzler Fürst Bismarck

18 *Frikassee*

a) Klein gehacktes Fleisch
b) Ragout aus weißem Fleisch
c) elegante Kopfbedeckung
d) Gemüsesuppe

19 *Goldenes Buch*

a) wertvolles Notizbuch
b) Bibel
c) Gästebuch einer Stadt
d) Drehbuch, das den Oscar gewonnen hat

20 *Kaiserbart*

a) glatt rasiertes Gesicht
b) Glatze
c) Backenbart
d) Vollbart

21 *Kaisermantel*

a) Mantel aus edlem Pelz
b) Schmetterling
c) Glockenblume
d) Bodendecker

22 *Königstuhl*

a) Gebirge bei Hameln
b) Thron
c) Kreidefelsen auf Rügen
d) Landschaft in Kalabrien

23 *Paella*

a) spanischer Tanz
b) spanischer Dialekt
c) Mischung aus Fleisch, Geflügel, Fisch, Gemüse, Reis usw., spanisches Gericht
d) hochprozentiges Getränk

24 *Roquefort*

a) Adelstitel in Frankreich
b) französische Region
c) Schaf-Schimmelkäse
d) rotes Fort

25 *Rotbart*
a) rothaariger Mann b) Kaiser Friedrich I (Barbarossa)
c) Rübezahl d) Schnäuzer

26 *Rote Armee*
a) Armee der ehemaligen Sowjetunion b) Armee der Baltenstaaten
c) chinesische Polizei d) Kommunisten

27 *Sago*
a) gekörntes Stärkemehl b) Backtriebmittel
c) Hartweizengrieß d) Hülsenfrucht

28 *Silberhochzeit*
a) 10-jährige Ehe b) 50-jährige Ehe c) 20-jährige Ehe d) 25-jährige Ehe

29 *Silberpfeile*
a) Rennwagen der 30er-Jahre b) treffsichere Pfeile
c) Amors Pfeile d) Flugzeuge

30 *Tor zur Welt*
a) Hamburg b) Berlin c) Rom d) Rotterdam

▶ *Lösung siehe Seite 141 f.*

Mathematik

Prozentrechnung

Berechnen Sie die folgenden Prozentrechnungsaufgaben in 20 Minuten.

Mathematik: Prozentrechnung

1 Eine Fabrik exportierte ¾ ihrer Produktion und verkaufte ⅘ des verbleibenden Restes im Inland. Wie viel Prozent der Produktion blieb noch übrig?

2 Der Preis einer Ware wird im Mai um 6⅔ Prozent gesenkt und im Juni um 7 Prozent erhöht. Der Verkaufspreis beträgt jetzt 256,50 DM. Wie hoch war der ursprüngliche Verkaufspreis?

3 Ein Kunde zieht von einer Rechnung über 904,00 DM 3% Skonto ab. Wie hoch ist der Skonto in DM?

Mathematik: Prozentrechnung

4 Eine Kaffeerösterei will 360 kg Röstkaffee herstellen. Wie viel kg Rohkaffee werden dazu benötigt, wenn der Röstverlust $14\frac{2}{7}$ % beträgt?

5 Eine zweifelhafte Forderung wurde zum 31.12. nach Abschreibung von $33\frac{1}{3}$ % mit 4566,75 DM bewertet. Wie hoch war die ursprüngliche Forderung?

6 Nach einer Preissenkung von $12\frac{1}{2}$ % kostet eine Jeans 84,00 DM. Wie viel DM beträgt die Preissenkung?

7 Der Stundenlohn eines Arbeitnehmers wird um 1,85 % erhöht. Er beträgt jetzt 20,37 DM. Außerdem bekommt er eine Stundenzulage von 0,33 DM. Wie viel DM betrug der Stundenlohn vorher und um wie viel Prozent wurde der Lohn insgesamt erhöht?

8 Ein Handelsvertreter erhält ein monatliches Fixum von 1700,00 DM und zusätzlich 3,2 % der von ihm vermittelten Umsätze als Provision. Er strebt ein Bruttoeinkommen von 6500,00 DM an. Welchen Jahresumsatz muss er dann erzielen?

9 Ein Stoff wiegt vor der Ausrüstung (Färben, Appretieren u. a.) 2340 kg. Infolge der Ausrüstung wird er um $2\frac{8}{9}$ % schwerer. Wie viel kg wiegt der Stoff nach der Ausrüstung?

10 Thomas Helmer macht eine Erbschaft und muss 8 % Erbschaftssteuer (d. h. 16437,80 DM) zahlen. Wie hoch war die Erbschaft?

11 Nach einer Preiserhöhung um $11\frac{1}{9}$ % kostet ein Fernseher 1000,00 DM. Wie teuer war der Fernseher vorher?

12 Ein Angestellter erhält bei seinem neuen Arbeitgeber ein um 4 % höheres Gehalt als bisher und eine Zulage von 80,00 DM. Dadurch ist sein Gehalt um insgesamt 212,80 DM gestiegen. Wie viel DM beträgt das neue Gehalt und um wie viel Prozent ist es gestiegen?

13 Das Geschäftshaus eines Großhändlers ist mit 900000,00 DM gegen Feuer versichert. Wie viel DM sind jährlich zu zahlen, wenn die Versicherungsprämie 2,5 ‰ beträgt?

14 Wie viel DM betrug der Listenpreis, wenn ein Kunde beim Einkauf einer Ware nach Abzug von 8 % Rabatt und 3 % Skonto 2164,07 DM überweist?

15 Ein Kunde meldet Konkurs an. Unsere Forderung an ihn beträgt 14 260,00 DM. Nach Abschluss des Konkursverfahrens erhalten wir als Abschlusszahlung 5347,50 DM. Wie viel Prozent der Forderung sind damit uneinbringlich geworden?

▶ *Lösung siehe Seite 141 f.*

Einfache Gleichungen als Textaufgaben

Berechnen Sie die folgenden Textaufgaben in 20 Minuten.

Mathematik: Einfache Gleichungen

1 Wie viele Kilometer fliegt eine Fliege, die in einem 33,33 m langen Waggon ununterbrochen mit einer Stundengeschwindigkeit von 60 km hin und her fliegt, und zwar in einem Zug, der die Station A um sechs Uhr morgens verlässt und die Station B (150 km entfernt) um neun Uhr erreicht?

2 Wenn ein Tor 15 m südlich von einem Baum steht und der Baum 30 m südlich von einem Haus, wie viele Meter sind es dann von dem Tor bis zu dem Haus?

3 In zwei Kisten sind 43 Gläser verpackt. In einer Kiste sind 9 Gläser mehr als in der anderen. Wie viele Gläser sind in der kleineren Kiste?

4 Bestimme die Zahl, deren Doppeltes zu 15 addiert 63 ergibt.

5 Addiert man zu der Zahl 58 eine Zahl, dann erhält man das Dreifache der gesuchten Zahl.

6 Welche drei aufeinander folgenden Zahlen haben die Summe 96?

7 Bei einem Rechteck mit dem Umfang 24 cm ist die eine Seite doppelt so lang wie die andere. Wie lang sind alle Seiten?

8 Ein Vater ist 50 Jahre alt. Seine beiden Kinder sind 10 und 12 Jahre. Wie viele Jahre dauert es, bis der Vater doppelt so alt ist wie seine Kinder zusammen?

Mathematik: Einfache Gleichungen

9 Aus einem 15 cm langen Draht soll ein gleichschenkeliges Dreieck entstehen, dessen Basis 6 cm ist. Wie lang sind die gleichschenkeligen Seiten?

10 Von einem 1-kg-Käse werden 20 gleich schwere Scheiben abgeschnitten. 600 g bleiben übrig. Wie schwer ist eine Scheibe?

11 Bei einem Dreieck ist die längste Seite 3 cm länger als die mittlere, und die ist 2 cm länger als die kürzeste. Wie lang sind die Seiten, wenn der Umfang 20,5 cm ist?

12 „Einen wunderschönen guten Morgen, Herr Wachtmeister", sagte Jens Bratpfanne. „Können Sie mir wohl sagen, wie spät es ist?" „Durchaus", erwiderte der Wachtmeister. „Wenn Sie einfach ein Viertel der Zeit seit Mitternacht bis jetzt zur halben Zeit von jetzt bis Mitternacht hinzufügen, dann haben Sie die genaue Zeit." Wie spät ist es?

13 Wie viel ist eineinhalb Drittel von 100?

14 Eine Pumpe fördert 2,5 m^3 in 30 Sekunden. Wie viel Liter werden in 3,4 Stunden gehoben?

▶ *Lösung siehe Seite 142*

15 Aus einem Fass Öl erhalten Sie 240 Flaschen zu ⅔ l Inhalt. Wie viel Flaschen können zu ⅕ l abgefüllt werden?

Gleichungssysteme

Berechnen Sie die folgenden Gleichungsaufgaben in 15 Minuten.

Mathematik: Gleichungssysteme

1 In einem Stall sind Hühner und Kaninchen. Sie haben 18 Köpfe und 50 Beine. Wie viele Hühner und Kaninchen sind in dem Stall?

2 In einer Kasse sind 78,00 DM. In 21 Fünf- und Zweimarkstücken. Wie viele Fünf- und Zweimarkstücke sind in der Kasse?

3 In einer Familie hat jede Tochter dieselbe Anzahl von Brüdern und Schwestern und jeder Sohn zweimal so viel Schwestern wie Brüder. Wie viele Söhne hat die Familie?

4 Ein Stoffstreifen von 60 cm Länge soll so geschnitten werden, dass das eine Stück ⅔ der Länge des anderen beträgt. Wie lang ist das kürzere Stück?

5 Für eine Legierung werden 2 Teile Silber und 3 Teile Blei benötigt. Wie viel Gramm Silber werden für 15 g dieser Legierung benötigt?

6 Für je 3,00 DM, die Hans hat, besitzt Klaus 5,00 DM. Wenn sie zusammen 120,00 DM haben, wie viel DM hat dann Klaus?

7 Zwei Brüder, die sich in ihrem Alter lediglich um fünf Jahre unterscheiden, sind zusammen 41 Jahre alt. Wie alt ist der jüngere Bruder?

8 80 kg Birnen sind in zwei Kisten verpackt. In der einen Kiste sind 10 kg mehr als in der anderen. Wie viele Kilo Birnen sind in der kleineren Kiste?

9 Ein Kind hat 1,20 DM in 5-Pfennig- und 10-Pfennig-Stücken. Dieser Betrag setzt sich aus insgesamt 17 Geldstücken zusammen. Wie viel 5-Pfennig-Stücke sind darunter?

10 Es sollen 49 Münzen so aufgeteilt werden, dass der eine Teil um ⅓ größer als der andere ist. Aus wie viel Münzen besteht der kleinere Teil?

▸ *Lösung siehe Seite 142*

Kaufmännisches Rechnen

Bearbeiten Sie die folgenden Rechenaufgaben in 20 Minuten.

Mathematik: Kaufmännisches Rechnen

1 *Dreisatz:*
500 m eines Spezialverpackungsmaterials, 0,80 m breit, wiegen 86 kg. Wie viel kg wiegen dann 320 m bei einer Breite von 0,75 m?

2 *Kettensatz:*
Ein deutscher Kaffeeröster bezieht aus Rotterdam Kaffee, 172 kg zu 5,60 hfl. Gesucht wird der Preis für 250 g in DM (Kurs 88,50).

3 *Währungsrechnen:*
Zum Dollarkurs von 1,685 wird aus den USA Ware importiert. Die Rechnung lautet über $ 1850. Wie viel DM sind das?

Mathematik: Kaufmännisches Rechnen

4 *Verteilungsrechnen:*
An einer OHG sind beteiligt: Arno mit 150 000 DM, Birgit mit 120 000 DM und Claudia mit 50 000 DM. Es wurde ein Jahresgewinn von 96 000 DM erzielt. Dieser ist im Verhältnis der Einlagen zu verteilen. Wie viel DM erhält Arno?

5 *Gewogener Durchschnitt:*
In eine Mischung gehen ein: 40 kg je 10,50 DM, 30 kg je 12,00 DM und 20 kg je 15,00 DM. Wie viel kosten dann ½ kg der Mischung?

6 *Prozente vom Hundert:*
Wie hoch ist die Umsatzsteuer für eine Warenlieferung von 4680,00 DM bei einem Steuersatz von 16 % und 6320,00 DM bei einem Steuersatz von 7 %?

7 *Berechnung des Prozentsatzes:*
Ein Artikelpreis von bisher 42,40 DM wurde auf 45,80 DM heraufgesetzt. Wie viel Prozent beträgt die Preiserhöhung?

8 *Berechnung des Grundwertes:*
Ein Reisender erzielte einen Monatsumsatz von 52 500,00 DM. Dafür erhielt er eine Provisionsgutschrift von 1312,50 DM. Wie hoch ist sein Provisionssatz? Im nächsten Monat wurden ihm 1600,00 DM vergütet. Welchen Umsatz erzielte er?

9 *Vermehrter Grundwert:*
Aus einer Rechnung über 13 340,00 DM sind die 16 %ige Mehrwertsteuer und der Warenwert zu ermitteln.

10 *Verzugszinsen:*
Mit welchen Verzugszinsen (5 %) ist ein säumiger Kunde zu belasten, der seine Rechnung über 2425,00 DM 32 Tage nach Zielüberschreitung beglich?

11 *Berechnung des Kapitals:*
Ein langfristig angelegtes Kapital, das mit 7,5 % verzinst wird, bringt vierteljährlich 600,00 DM Zinsen. Wie groß ist das Kapital?

12 *Berechnung des Zinsfußes:*
Eine Bank berechnet für einen Dispositionskredit (Girokonto) von 1500,00 DM 17,50 DM Zinsen. Der Kredit lief 30 Tage. Wie viel Prozent berechnete die Bank?

13 *Kalkulationsfaktor:*
In einem Handelsbetrieb ist die Spanne zwischen Bezugs- und Verkaufspreis 5,81 DM. Wie groß ist der Kalkulationsfaktor (Bezugspreis = 12,90 DM)?

14 *Skontoverzinsung:*
Die Zahlungsbedingungen lauten: 30 Tage netto Kasse oder innerhalb 10 Tagen mit 2 % Skonto. Wie groß ist der Skontierungsvorteil in Prozent?

15 *Verminderter Grundwert:*
Nach Abzug von 2,5 % Skonto überweist ein Kunde 124,80 DM. Welcher Betrag ist als Skonto zu verbuchen?

▶ *Lösung siehe Seite 143*

Zahlenreihen

Wie müssen die folgenden Zahlenreihen fortgesetzt werden? Zeit: 8 Minuten.

Mathematik: Zahlenreihen

1	3	4	6	9	13	18	24	?		
2	4	5	6	8	10	13	16	20	24	?
3	6	7	5	8	4	9	3	10	2	?
4	27	9	6	18	21	7	4	?		
5	17	14	7	21	18	9	?			
6	12	19	17	17	23	20	20	25	?	
7	8	8	15	13	13	19	16	16	21	?
8	114	57	60	30	34	17	22	11	?	
9	24	26	11	15	3	9	0	8	?	
10	9	12	16	20	25	30	36	42	?	
11	2	3	6	11	18	27	?			
12	8	15	24	35	48	63	?			
13	34	33	66	22	18	90	15	8	?	
14	15	19	22	11	15	18	9	?		
15	75	80	40	45	15	20	5	10	?	
16	3	9	10	5	15	16	8	24	25	?

▶ *Lösung siehe Seite 143*

Allgemeinbildung

Der Begriff Allgemeinwissen kann letztendlich nicht exakt definiert werden. Fest steht jedoch, dass Allgemeinwissen abhängig ist vom jeweiligen Kulturkreis, dem Alter, der Stellung in der Gesellschaft und natürlich auch vom Bildungsgrad.
Die weit verbreitete Meinung, dass Allgemeinwissen mit Intelligenz gleichzusetzen ist, ist definitiv falsch. Intelligenz ist jedoch erforderlich, um die vorhandenen Komponenten des Wissens sinnvoll zu vernetzen. Somit kann also ein Test zum Allgemeinwissen nur sehr bedingt der Kategorie der Intelligenztestes zugeordnet werden. Sie müssen allerdings in einem Testverfahren jederzeit damit rechnen, eine derartige Wissensprüfung bestehen zu müssen.
Für die Beantwortung der folgenden Fragen haben Sie 70 Minuten Zeit.

Politik und Staatsbildung

Allgemeinbildung: Politik und Staatsbildung

1 *Nennen Sie die Anzahl der Bundesländer!*
a) 16 b) 14 c) 17 d) 18

2 *Wie heißt die Hauptstadt von Nordrhein-Westfalen?*
a) Dortmund b) Köln c) Düsseldorf d) Essen

3 *Wie heißt die Hauptstadt von Sachsen?*
a) Leipzig b) Dresden c) Ludwigslust d) Rostock

4 *Von wem wird der Bundeskanzler gewählt?*
a) vom Volk b) vom Bundestag
c) vom Bundesrat d) von der Bundesversammlung

5 *Ordnen Sie die bisherigen Bundeskanzler ihrer Reihenfolge nach:*
a) Helmut Schmidt b) Gerhard Schröder c) Ludwig Erhard
d) Willy Brandt e) Kurt Georg Kiesinger f) Helmut Kohl
g) Konrad Adenauer

6 *Für welche Zeitspanne wird der Bundespräsident gewählt?*
a) 4 Jahre b) 6 Jahre c) 5 Jahre d) 3 Jahre

⑦ *Ordnen Sie die bisherigen Bundespräsidenten ihrer Reihenfolge nach:*
a) Karl Carstens b) Walter Scheel c) Theodor Heuss d) Richard von Weizsäcker e) Gustav Heinemann f) Johannes Rau g) Heinrich Lübke h) Roman Herzog

⑧ *Wie heißt der gegenwärtige Ministerpräsident/die Ministerpräsidentin Ihres Bundeslandes und wie heißt die Landeshauptstadt?*

⑨ *Was ist der Bundesrat?*
a) Zusammenschluss der Ministerpräsidenten der Bundesländer
b) Gremium aus 12 Wirtschaftsweisen
c) Vertretung der Bundesländer
d) das deutsche Parlament

⑩ *Was bedeuten die Abkürzungen der folgenden Parteien?*
a) CDU b) FDP c) SPD

⑪ *Wie viel Prozent der Wählerstimmen muss eine Partei erzielen, um in den Deutschen Bundestag einzuziehen?*
a) 2 % b) 5 % c) 10 % d) 1 %

⑫ *Was bezeichnet man in der Politik mit dem Begriff „Immunität"?*
a) Befreiung von Strafe und sonstigen staatlichen Sanktionen, z. B. für Mitglieder des Bundestages
b) kostenlose Impfungen für Bundestagsmitglieder bei Auslandsreisen
c) der Anspruch auf einen Sitz im Bundestag selbst bei Ausschluss aus der Partei

⑬ *Was heißt Exekutive?*
a) gesetzgebende Gewalt b) ausführende Gewalt c) überwachende Gewalt

⑭ *Nennen Sie mindestens zwölf Länder, die zur EU gehören!*

⑮ *Welche der folgenden Länder gehören nicht zur EU?*
a) Frankreich b) Norwegen c) Schweden d) Schweiz e) Türkei

▶ ***Lösung siehe Seite 143***

Politik und Geschichte

Allgemeinbildung: Politik und Geschichte

1 *Wer wurde im Jahre 800 in Aachen zum Kaiser gekrönt?*
a) Karl der Kahle b) Karl der Große c) Barbarossa d) Heinrich der VIII.

2 *Welcher Friedensvertrag wurde 1648 in Münster und Osnabrück unterzeichnet?*
a) der Friedensvertrag zum 30-jährigen Krieg
b) der 100-jährige Friede
c) Friedensschluss zwischen Spanien und Frankreich
d) Beendigung des 1. Weltkriegs

3 *Nennen Sie die beiden Reichspräsidenten der Weimarer Republik!*

4 *In welchem Jahr wurde Adolf Hitler Reichspräsident?*
a) 1933 b) 1936 c) 1939 d) 1945

5 *Wo ist Hitlers „Mein Kampf" entstanden?*
a) in Braunau b) in der Wolfsschanze
c) in der Festung Landsberg d) in Berchtesgaden

6 *Was wird mit dem Begriff der „Reichskristallnacht" verbunden?*
a) Zerstörung von Synagogen 1939
b) Verfolgung von Juden während der Zeit des Nationalsozialismus
c) die Nacht des Reichstagsbrands unter Hitlers Herrschaft
d) Verfolgung von politisch anders Gesinnten durch die SS

7 *Was war die „Weiße Rose"?*
a) Bild des Malers Leonardo da Vinci
b) studentische Widerstandsorganisation im 3. Reich
c) Symbol der freien Gewerkschaften
d) Symbol der SPD

8 *Was geschah am 20. Juli 1944?*
a) Ende des 2. Weltkriegs
b) Großadmiral Dönitz übernimmt das Oberkommando der Marine
c) Attentat auf Hitler von Stauffenberg
d) Rheinübergang der US-Panzer bei Remagen

9 *Wann wurde die BRD gegründet?*
a) 1945 b) 1947 c) 1949 d) 1950

10 *Wie hieß der erste Staatspräsident der DDR?*
a) Wilhelm Pieck b) Erich Honecker c) Walter Ulbricht d) Erich Mielke

11 *Von wann bis wann gab es in der Bundesrepublik Deutschland eine Große Koalition?*
a) 1951-1957 b) 1966-1969 c) 1967-1970 d) 1972-1975

12 *Wann fand die deutsche Wiedervereinigung statt?*
a) 09.11.1989 b) 03.10.1989 c) 01.10.1990 d) 03.10.1990

13 *Welche Partei verabschiedete das Ahlener Programm?*
a) CDU b) SPF c) FDP d) PDS

14 *Wer regierte das römische Weltreich um Christi Geburt?*
a) Julius Cäsar b) Caligula c) Augustus d) Nero

15 *Wo entstand die erste bekannte Demokratie der Welt?*
a) Rom b) Athen oder Griechenland c) Ägypten d) Persien

16 *Welcher karthagische Feldherr überquerte die Alpen mit Elefanten?*
a) Hannibal b) Konstantin c) Sulla d) Pompeius

17 *Welches Adelsgeschlecht regierte Österreich von 1282 bis 1918?*
a) die Staufer b) die Habsburger c) die Fugger d) die Oranier

18 *Wie lautet der japanische Kaisertitel?*
a) Obi b) Tenno c) Gi d) Osake

19 *Wo fand 1900 der Boxer-Aufstand statt?*
a) China b) Japan c) Indien d) Russland

20 *In welchem Land fand die Industrielle Revolution statt?*
a) Deutschland b) England c) Russland d) USA

Allgemeinbildung: Politik und Geschichte

21 *Wer war der Gründer der faschistischen Partei in Italien?*
a) Silvio Berlusconi b) Franco c) Benito Mussolini d) Adolf Hitler

22 *Auf welche japanischen Städte wurden 1945 Atombomben abgeworfen?*
a) Hiroshima, Nagasaki b) Tokio, Osaka
c) Fukoshima, Sapporo d) Kioto, Otaru

23 *Welcher Diktator regierte Chile von 1973 bis 1990?*
a) Allende b) Fujimori c) Che Guevara d) Pinochet

24 *Wann betrat der erste Mensch den Mond und wie hieß er?*
a) 20.07.1969, Neil Armstrong b) 01.11.1968, Juri Gagarin
c) 12.12.1971, Colin Powell d) 20.10.1986, Ulf Merbold

▶ *Lösung siehe Seite 143*

25 *Was war der Anlass für den Ausbruch des Ersten Weltkriegs?*
a) Prager Fenstersturz
b) Ermordung des österreichischen Thronfolgers in Sarajewo
c) Einmarsch der Deutschen in Polen
d) Menschenrechtsverletzungen im Kosovo

Wirtschaft

Allgemeinbildung: Wirtschaft

1 *Was versteht man unter Inventur?*
a) Feststellung des Lagerbestands
b) Feststellung des aktuellen Bestands an Gütern
c) Ermittlung des Einkommens
d) Ermittlung der Vermögensposten und der Schulden

2 *Was bezeichnet der Begriff Inventar?*
a) Verzeichnis von Vermögen und Schulden
(Ermittlung des Eigenkapitals)
b) Verzeichnis der Mitarbeiter
c) Verzeichnis des Einkommens
d) Ermittlung des Lagerbestands

3 *Was versteht man unter Debitoren?*

a) Abrechnung der Telefonkosten der Mitarbeiter
b) Ausgaben des Unternehmens
c) Anteilseigner des Unternehmens
d) Schuldner (Forderungen des Unternehmens)

4 *Was sind Kreditoren?*

a) Gläubiger (Verbindlichkeiten des Unternehmens)
b) Einnahmen des Unternehmens
c) Jahresgewinne des Unternehmens
d) Pläne zum Umbau eines Unternehmens

5 *Was versteht man unter einer Emission?*

a) Schadstoffausstoß eines Unternehmens
b) Ausgabe von Wertpapieren, ihre Unterbringung bei den Kapitalgebern und die Einführung an die Börse
c) alle Ausgaben eines Unternehmens
d) Umwandlung eines Unternehmens in eine Aktiengesellschaft

6 *Was beinhaltet der Etatentwurf des Bundesfinanzministers?*

a) die Einnahmen und Ausgaben der Bundesländer für die nächsten zwölf Monate
b) die Erhöhung der Abgeordnetendiäten
c) Auflistung der erwarteten Einnahmen und der geplanten Ausgaben des Bundes für die nächsten zwölf Monate
d) die zu erwartenden Kabinettsumbildungen

7 *Worum handelt es sich bei dem Begriff Ertrag?*

a) Wertzuwachs, der das Eigenkapital erhöht (Habenseite GuV-Konto)
b) Verluste eines Unternehmens
c) geplante Erweiterung eines Unternehmens
d) unerwartete Einnahmen

8 *Was versteht man unter dem Begriff Aufwand?*

a) Kosten für eine geplante Erweiterung eines Unternehmens
b) Güter und Dienstleistungen, die das Eigenkapital verringern (Sollseite)
c) Kosten für Mitarbeiter
d) unerwartete Ausgaben

Allgemeinbildung: Wirtschaft

9 *Was sind Fixkosten?*

a) Ausgaben, die den geplanten Ausgabenrahmen überschreiten
b) schnell steigende Kosten
c) gleichbleibende Kosten, unabhängig von sonstigen Einflussgrößen
d) Ausgaben, die vom Unternehmen rasch wieder eingefahren werden können

10 *Was sind variable Kosten?*

a) Ausgaben verschiedenster Art
b) langsam steigende Kosten
c) Ausgaben, die das Unternehmen steuerlich abschreiben kann
d) Kosten, die sich durch unterschiedliche Einflussgrößen verändern

11 *Was versteht man unter Gehalt?*

a) Leistungsvergütung für Angestellte (meist monatlich)
b) Bezahlung für gehaltvolle Arbeit
c) Leistungsvergütung für Aushilfskräfte
d) Leistungsvergütung, die vom Finanzamt mit einem hohen Steuersatz belegt wird

12 *Was versteht man unter Lohn?*

a) Bezahlung für Arbeit, die sich für den Arbeitgeber gelohnt hat
b) jede Form von Entgelt, im engeren Sinne Leistungsvergütung für Arbeiter
c) Leistungsvergütung für Akademiker
d) Leistungsvergütung, die vom Finanzamt mit einem niedrigen Steuersatz belegt wird

13 *Wann beginnt und endet die Rechtsfähigkeit bei natürlichen Personen?*

a) mit 18 Jahren bzw. mit Austritt aus dem Berufsleben
b) mit 16 Jahren bzw. mit dem Tod
c) mit dem Tage der Geburt bzw. mit dem Tod
d) mit 21 Jahren bzw. mit 65 Jahren

14 *Wann beginnt und endet die Rechtsfähigkeit bei juristischen Personen?*

a) mit der Eröffnung bzw. dem Tod der Anteilseigner
b) mit der Gründung bzw. der Auflösung oder Konkurs
c) mit dem Anfang bzw. mit dem Ende des Geschäftsjahrs
d) mit den ersten Einnahmen bzw. den letzten Einnahmen

15 *Welche Möglichkeiten, jemandem Geld zukommen zu lassen, kennen Sie bei den folgenden Zahlungsarten?*

a) Barzahlung
b) halbbare Zahlung
c) bargeldlose Zahlung

16 *Was bewirkt die planmäßige Abschreibung von Anlagegütern in Betrieben?*

a) Verluste des Unternehmens werden durch die Abschreibung verringert
b) der Wertverlust wird als Aufwand in die Gewinn- und Verlustrechnung übernommen und mindert den möglicherweise zu versteuernden Gewinn. Abschreibungen dienen auch zur Neuanschaffung
c) Gewinne werden durch die Abschreibung erhöht
d) die abzuschreibenden Anlagegüter können langfristig nicht mehr genutzt werden

17 *Was versteht man unter einer linearen Abschreibung?*

a) gleichmäßige Abschreibung vom Anschaffungswert
b) langsame Abschreibung vom Anschaffungswert
c) rasche Abschreibung vom Anschaffungswert
d) einfach zu rechnende Abschreibung vom Anschaffungswert

18 *Was versteht man unter einer degressiven Abschreibung?*

a) gleichmäßige Abschreibung vom Anschaffungswert
b) langsame Abschreibung vom Anschaffungswert
c) Abschreibung vom jeweiligen (Jahres-)Restbuchwert
d) rasche Abschreibung vom Anschaffungswert

19 *Was ist eine Aktiengesellschaft?*

a) Gesellschaft, die zu dem Zweck gegründet wird, Wertpapiere zu kaufen und an ihre Mitglieder zu verteilen
b) Kapitalgesellschaft; Handel der Aktien an der Börse; Beschaffung von Zusatzkapital; sehr häufige Gesellschaftsform
c) Unternehmen, das mindestens 1 Million DM im Jahr erwirtschaftet
d) Unternehmen, das als Sicherheit 1 Million DM hinterlegen muss

Allgemeinbildung: Wirtschaft

20 *Worum handelt es sich bei Aktiva?*
a) bewegliche Güter eines Unternehmens
b) linke Seite der Bilanz, Vermögenswerte eines Unternehmens
c) Wert eines Unternehmens, der sich auf der Basis der Aktivität seiner Mitarbeiter errechnet
d) Einnahmen eines Unternehmens

21 *Was versteht man unter Passiva?*
a) unbewegliche Güter eines Unternehmens
b) Gewinne eines Unternehmens
c) rechte Seite der Bilanz, Eigen- und Fremdkapital eines Unternehmens
d) Ausgaben eines Unternehmens

22 *Welche Zweige gehören nicht zur Sozialversicherung?*
a) Rentenversicherung
b) Krankenversicherung
c) Kfz-Versicherung
d) Unfallversicherung
e) Pflegeversicherung
f) Hausratversicherung

23 *Was versteht man unter Streik?*
a) die Weigerung eines Mitarbeiters weiterzuarbeiten
b) Protest der Arbeitnehmer gegen die Geschäftpolitik eines Unternehmens
c) Weigerung der Kunden, die Produkte eines Unternehmens zu kaufen
d) Kampfmittel der Arbeitnehmer bei Tarifauseinandersetzungen

24 *Was bedeutet Aussperrung?*
a) Schließung eines Betriebs, ohne die Mitarbeiter vorher davon zu informieren
b) Kampfmittel der Arbeitgeber bei Tarifauseinandersetzungen
c) vom Betriebsrat genehmigte Stilllegung eines Betriebsteils
d) Absperren eines Betriebsteils

25 *Was versteht man unter dem Begriff Baisse?*
a) lustloser Aktienhandel
b) französisches Wort für Unternehmenszusammenschluss
c) Kurse an der Börse fallen auf breiter Front
d) französische Fischsuppe

26 *Was versteht man unter dem Begriff Hausse?*
a) Gang eines Unternehmens an die Börse
b) Kurse an der Börse steigen auf breiter Front
c) französisches Wort für Unternehmenspleite
d) Verkauf von Aktien

27 *Was bedeutet der Begriff Rabatt?*
a) Wertmarken, die von einem Unternehmen bei einem Einkauf verteilt werden und beim nächsten Einkauf den Preis der Waren mindern
b) Blumenbeet
c) Preissteigerung
d) Preisnachlass, in der Regel auf die Menge bezogen

28 *Was versteht man unter Skonto?*
a) Preisnachlass, der guten Kunden gewährt wird
b) Preisnachlass bei vorzeitiger Zahlung
c) Gebühren für das Girokonto
d) Ermäßigung des Preises, der durch Handeln erzielt wird

▶ *Lösung siehe Seite 144*

Geografie – allgemein

Allgemeinbildung: Geografie – allgemein

1 *Wie heißt der größte Binnenhafen Europas?*
a) Dortmund b) Duisburg c) Hamburg d) Bremen

2 *Wo befindet sich das Deutsche Eck?*
a) Mainz b) Koblenz c) Trier d) Saarbrücken

3 *Wie heißt der bekannteste Berg Griechenlands?*
a) Olymp b) Peleponnes c) Paros d) Epirus

4 *Zu welchem Land gehört Südtirol?*
a) Österreich b) Deutschland c) Luxemburg d) Italien

5 *Nach welchem Londoner Stadtteil ist der Nullmeridian benannt?*
a) Whitehall b) Notting Hill c) Greenwich d) Soho

Allgemeinbildung: Geografie – allgemein

6 *In welcher italienischen Region liegt Florenz?*
a) Toskana b) Apulien c) Sizilien d) Kalabrien

7 *Wo befindet sich die Blaue Grotte?*
a) Saarland b) Venedig c) Golf von Tarent d) Insel Capri

8 *Wie heißt der höchste Berg Europas?*
a) Zugspitze b) Matterhorn c) Großglockner d) Mont Blanc

9 *Welche Insel ist in einen türkischen und einen griechischen Teil gespalten?*
a) Zypern b) Rhodos c) Kreta d) Lesbos

10 *Nennen Sie die nördlichste Stadt Europas!*
a) Kiruna in Schweden b) Hammerfest in Norwegen
c) Utsjoki in Finnland d) Skagen in Dänemark

11 *Wie werden die lang gestreckten Meeresbuchten an der skandinavischen Küste genannt?*
a) Sund b) Meerbusen c) Belt d) Fjord

12 *Zu welchem Land gehört Spitzbergen?*
a) Norwegen b) Finnland c) Schweden d) Dänemark

13 *Welche Wasserstraße trennt Afrika und Asien?*
a) Suezkanal b) Panamakanal c) Ärmelkanal d) Mittellandkanal

14 *Wie heißt der heilige Fluss Indiens?*
a) Brahmaputra b) Krishna c) Ganges d) Godavari

15 *Welche Meeresstraße liegt zwischen Irland und Großbritannien?*
a) Ärmelkanal b) Sankt-Georgs-Kanal c) Irische See d) Suezkanal

16 *Zu welchem Land gehören die Galapagosinseln?*
a) Chile b) Mexiko c) Panama d) Ecuador

17 *Auf welchem Kontinent befindet sich der Viktoriasee?*
a) Afrika b) Asien c) Australien d) Amerika

18 *Wo entsteht der Golfstrom?*

a) Golf von Kalifornien b) Golf von Mexiko
c) Andamanensee d) Golf von Thailand

19 *Welche Sprache wird auf der Welt am häufigsten gesprochen?*

a) Englisch b) Chinesisch c) Spanisch d) Deutsch

20 *Welche Stadt überblickt man vom Tafelberg?*

a) Caracas in Venezuela b) Acapulco in Mexika
c) Kapstadt in Südafrika d) Port-au-Prince auf Haiti

▸ *Lösung siehe Seite 144*

Geografie – Berühmte Straßen, Plätze und Bauwerke

In welcher Stadt befinden sich die folgenden Straßen, Plätze bzw. Bauwerke?

Algemeinbildung: Geografie – Berühmte Straßen, Plätze und Bauwerke

1 *Admiralität*

a) St. Petersburg b) Paris c) London d) Hannover

2 *Alcazar*

a) Mailand b) Lourdes c) Barcelona d) Sevilla

3 *Alhambra*

a) Madrid b) Granada c) Marseille d) Reykjavik

4 *Arc de Triomphe*

a) San Francisco b) Bordeaux c) Paris d) Berlin

5 *Belvedere*

a) Wien b) Chemnitz c) Basel d) Hannover

6 *Bolschoi-Theater*

a) Murmansk b) Prag c) Sevilla d) Moskau

7 *Der Dam*

a) Lugano b) Amsterdam c) Brüssel d) Rotterdam

Allgemeinbildung Geografie – Berühmte Straßen, Plätze und Bauwerke

8 *Engelsburg*
a) Wien b) Rom c) Graz d) Florenz

9 *Forum Romanum*
a) Padua b) Paris c) altes Rom d) Neapel

10 *Hagia Sofia*
a) Antalya b) Neu-Delhi c) Istanbul d) Lissabon

11 *Hofburg*
a) Wien b) Graz c) Starnberg d) Zürich

12 *Hradschin*
a) Budapest b) Prag c) Hannover d) Warschau

13 *Invalidendom*
a) Paris b) Danzig c) Stockholm d) Dortmund

14 *Kapitol*
a) Livorno b) Coimbra c) Rom d) Bratislava

15 *Kö*
a) Düsseldorf b) Köln c) London d) Tokio

16 *Kreml*
a) St. Petersburg b) Moskau c) Peking d) Leipzig

17 *Markusplatz*
a) Venedig b) Pisa c) Siena d) München

18 *Newski-Prospekt*
a) St. Petersburg b) Kiew c) Riga d) Wolgograd

19 *Notre-Dame*
a) London b) Paris c) Orléans d) Vichy

20 *Peterskirche*
a) Rom b) Wien c) Genf d) München

21 *Piccadilly Circus*
a) London b) Oxford c) Stratford on Avon d) Göttingen

22 *Place de la Concorde*
a) Nantes b) Paris c) Metz d) Straßburg

23 *Prado*
a) Madrid b) Valencia c) Oslo d) Stockholm

24 *Reeperbahn*
a) Wien b) Hamburg c) Berlin d) Zürich

25 *Roter Platz*
a) St. Petersburg b) Warschau c) Moskau d) Stuttgart

26 *Stachus*
a) München b) Köln c) Berlin d) Madrid

27 *The Mall*
a) Belfast b) Galway c) Paris d) London

28 *Unter den Linden*
a) Rostock b) Berlin c) Stralsund d) Basel

29 *Wenzelsplatz*
a) Warschau b) Budapest c) Prag d) Berlin

30 *Zwinger*
a) Frankfurt am Main b) Dresden c) Berlin d) Pisa

▶ ***Lösung siehe Seite 144***

Naturwissenschaften

Allgemeinbildung: Naturwissenschaften

1 *Wofür wird Plutonium verwendet?*

a) Raketenantrieb
b) Brennstoff für Atomkraftwerke
c) Dampferzeugung in Turbinen
d) Bau von Großteleskopen

2 *Warum können Funken sprühen, wenn man einen Kunstfaserpullover auszieht?*

a) unzureichende Erdung
b) Reibungshitze
c) elektrostatische Aufladung
d) Wärmeabstrahlung

3 *Wie funktioniert ein Radar zur Überwachung des Luftraumes?*

a) Röntgendetektoren orten Flugzeuge, da diese in großen Höhen Röntgenstrahlen aussenden
b) In den Luftraum ausgesandte Schallwellen werden von Flugzeugen reflektiert
c) Lichtreflexionen der Flugobjekte werden durch spezielle Kameras sichtbar gemacht
d) Gebündelte elektromagnetische Wellen in den Luftraum werden beim Auftreffen auf ein Flugzeug zurückgestrahlt

4 *Was bewirkt die Schwerkraft?*

a) das In-sich-Zusammenfallen von Molekülen
b) den Aufbau der Erdatmosphäre
c) Gegenstände haben ein Gewicht und fallen auf den Boden, wenn sie losgelassen werden
d) das Zusammenhalten der Erdkugel

5 *Auf welchem Prinzip basiert ein Kühlschrank?*

a) Ein Stoff, der vom flüssigen in den gasförmigen Zustand wechselt, kühlt ab
b) Gase, die sich ausdehnen, kühlen ab
c) zwei Gase, die aufeinander prallen, rufen Kälte hervor
d) ein Stoff, der in Schwingung versetzt wird, ruft Kälte hervor

6 *Wie heißt die radioaktive Strahlung, die am schwersten abgeschirmt werden kann?*

a) Gammastrahlen
b) Röntgenstrahlen
c) Alphawellen
d) Sonnenstrahlen

7 *Wer hat beruflich mit der Herstellung von Giften zu tun?*
a) Arachnologe b) Toxikologe c) Neonatologe d) Parfümeur

8 *Was geschieht chemisch betrachtet, wenn Zucker im Kaffee aufgelöst wird?*
a) die chemischen Eigenschaften des Kaffees werden verändert
b) der Kaffee wird mit Kohlenhydraten angereichert
c) eine homogene Mischung aus verschiedenen Stoffen entsteht
d) der Zucker setzt sich aufgrund seines höheren Molekulargewichts auf dem Grund der Tasse ab

9 *Wo begegnet uns Kohlensäure im Alltag?*
a) Holzkohle b) Weißkohlsuppe c) Mineralwasser d) Eiswein

10 *Wie heißt das einzige Metall, das bei Zimmertemperatur flüssig wird?*
a) Gold b) Nickel c) Kupfer d) Quecksilber

11 *Was macht Wasser weich oder hart?*
a) der Gehalt an im Wasser enthaltenem Blei
b) der Gehalt an gelöstem Calcium oder Magnesium
c) die Rohre, durch die das Wasser geleitet wird
d) der Gehalt der im Wasser enthaltenen Bakterien und Viren

12 *Wer erfand 1867 das Dynamit?*
a) Marie Curie b) Albert Einstein c) Alfred Nobel d) Johann Philipp Reis

13 *Woher stammt der Sauerstoff in der Atmosphäre?*
a) aus den Auto- und Industrieabgasen
b) aus dem Weltraum
c) aus den Ozeanen
d) durch Fotosynthese von Pflanzen freigesetzt

14 *Was ist eine chemische Reaktion?*
a) Atome und Moleküle stoßen einander ab
b) Wechselwirkung zwischen Atomen und Molekülen erzeugen neue Verbindungen; chemische Elemente bleiben erhalten; Atome und Moleküle werden neu angeordnet
c) das Zusammentreffen chemischer Elemente
d) die Anziehungskraft zwischen zwei Personen

Allgemeinbildung: Naturwissenschaften

15 *Was ist chemisch betrachtet das Gegenteil einer Reduktion?*
a) Oxidation b) Reflektion c) Pokémon d) Korrosion

16 *An welchem Symptom erkennen Sie zuerst die Alzheimerkrankheit?*
a) wachsende Vergesslichkeit, besonders betroffen ist das Kurzzeitgedächtnis
b) Schwindelgefühle und Bewegungsstörungen
c) Durchfall und Erbrechen
d) gesteigerte Aggressivität

17 *Wodurch wird das Geschlecht eines Menschen bestimmt?*
a) Zufall
b) Essverhalten der Mutter während der Schwangerschaft
c) Chromosomen
d) Mitochondrien

18 *Worin unterscheiden sich Viren von Bakterien?*
a) Viren können Sporen bilden, Bakterien nicht
b) Viren stammen aus dem Weltall, Bakterien aus dem Boden
c) Viren sind in der Regel größer als Bakterien
d) Viren haben keinen eigenen Stoffwechsel (Vermehrung nur in anderen Organismen); Bakterien sind Lebewesen, die sich durch Zellteilung vermehren

▶ *Lösung siehe Seite 144*

Literatur

Allgemeinbildung: Literatur

1 *Welche deutsche Sagengestalt ist ein Waldbewohner des Riesengebirges?*
a) Rübezahl b) Rumpelstilzchen c) Captain Kirk d) Erdmännchen

2 *In welchem Märchen spricht der Held die Zauberworte „Sesam öffne dich“?*
a) „Der gestiefelte Kater“
b) „Das steinerne Herz“
c) „Alibaba und die vierzig Räuber“ aus „Tausendundeiner Nacht“
d) „Benjamin Blümchen“

3 *Wer schrieb den Roman „Die Leiden des jungen Werthers“ (1774)?*
a) Friedrich Schiller
b) Johann Wolfgang Goethe
c) Hannelies Taschau
d) Stephen King

4 *Aus welchem Drama der Weltliteratur stammt der Ausdruck „Sein oder Nichtsein"?*

a) Dante Alighieri, „Die göttliche Komödie"
b) Jostein Gaarder, „Sofies Welt"
c) Johann Wolfgang Goethe, „Faust"
d) William Shakespeare, „Die tragische Geschichte Hamlets, des Prinzen von Dänemark"

5 *Wer schrieb die Romane „Das Glasperlenspiel" und „Der Steppenwolf"?*

a) Arthur Schnitzler
b) Hermann Hesse
c) Wolfdietrich Schnurre
d) Joachim Ringelnatz

6 *Welches Bilderbuch für Kinder stammt vom Frankfurter Arzt Heinrich Hoffmann (1809–1894)?*

a) Die kleine Raupe Nimmersatt
b) Jim Knopf und Lukas der Lokomotivführer
c) Der Struwwelpeter
d) Pippi Langstrumpf

7 *Wer sägt „voller Tücke in die Brücke eine Lücke"?*

a) Rumpelstilzchen
b) Max und Moritz
c) Ernie und Bert
d) Harry Potter

8 *Wer erfand die Figur Pippi Langstrumpf?*

a) Joanne K. Rowling
b) Christine Nöstlinger
c) Johann Wolfgang von Goethe
d) Astrid Lindgren

9 *Wer erzählte die „Unendliche Geschichte"?*

a) Stephen King
b) Erich Kästner
c) Peter Ustinov
d) Michael Ende

10 *Welches Märchen machte den Piloten Antoine de Saint-Exupery (1900–1944) berühmt?*

a) „Der Teufel mit den drei goldenen Haaren"
b) „Sindbad, der Seefahrer"
c) „Der kleine Prinz"
d) „Schneewittchen"

11 *Wer schrieb den Nachkriegsroman „Die Blechtrommel"?*

a) Heinrich Böll
b) Jean-Paul Sartre
c) Günter Grass
d) Heinrich Mann

Allgemeinbildung: Literatur

12 *Wer ist der Ritter von der traurigen Gestalt?*
a) Prinz Eisenherz
b) Winnetou
c) Das Phantom der Oper
d) der Titelheld des Romans „Don Quijote de la Mancha" von Miguel de Cervantes Saavedra

13 *Wer wird in der Literatur als der Lügenbaron bezeichnet?*
a) Pinocchio
b) der Offizier Karl Friedrich Hieronymus Freiherr von Münchhausen
c) Nathan der Weise
d) Jakob der Lügner

14 *Wer schrieb den Roman „Schuld und Sühne"?*
a) Fjodor Dostojewski
b) Vladimir Nabokov
c) Karl Krauss
d) Erich Kästner

15 *Wer schrieb den Zukunftsroman „Reisen zum Mittelpunkt der Erde" (1864)?*
a) Stanislaw Lem
b) Jules Verne
c) Marion Zimmer Bradley
d) Ernest Hemingway

16 *Wer schrieb „Moll Flanders" und „Robinson Crusoe"?*
a) Agatha Christie b) Charles Dickens c) Astrid Lindgren d) Daniel Defoe

17 *Welche chilenische Schriftstellerin schrieb den Roman „Das Geisterhaus"?*
a) Margaret Atwood b) Joy Fielding c) Elizabeth Dunkel d) Isabel Allende

18 *Welcher pazifistische Roman machte Bertha von Suttner berühmt?*
a) Die Brücke b) Das siebte Kreuz c) Die Waffen nieder d) Die Weber

19 *Welche Schauerfigur erschuf der anglo-irische Schriftsteller Bram Stoker?*
a) Nosferatu b) Frankensteins Monster c) Dracula d) Die Mumie

20 *Aus welchem Roman stammt das Zitat „Alle Tiere sind gleich, aber manche sind gleicher"?*
a) „Unten am Fluss" („Watership Down")
b) „Farm der Tiere"
c) „Der Wind in den Weiden"
d) „Felidae"

▶ *Lösung siehe Seite 144*

Malerei und bildende Künste

Allgemeinbildung: Malerei und bildende Künste

1 *Was ist ein Fresko?*
a) eine Farbe, die rasch eintrocknet
b) ein auf den frischen Putz einer Wand aufgetragenes Gemälde
c) ein Gemälde, das Heilige zeigt
d) Bild, das nur in Kirchen gezeigt wird

2 *Was ist der Unterschied zwischen einer Plastik und einer Skulptur?*
a) eine Plastik entsteht aus formbarem Material wie z. B. Ton, eine Skulptur wird z. B. durch Behauen von außen nach innen erarbeitet
b) eine Plastik entsteht aus Kunststoff, eine Skulptur aus Stein
c) eine Plastik ist stets abstrakt, eine Skulptur figürlich
d) eine Plastik kann von jedem erschaffen werden, eine Skulptur nur von ausgebildeten Bildhauern

3 *Was bezeichnet man als Stillleben?*
a) Darstellung einer großen Menschengruppe
b) Darstellung der unbelebten oder toten Natur, z. B. Früchte, Blumen
c) Darstellung von Bäumen und Sträuchern
d) ein Bild, bei dem der Künstler während des Malens schweigen muss

4 *Wie wird eine Radierung hergestellt?*
a) durch Aufspritzen auf den Maluntergrund
b) eine Bleistiftzeichnung wird mit dem Radiergummi nachbearbeitet
c) durch Ätzen
d) durch bildhauerische Tätigkeit

5 *Was ist eine Retrospektive in der Kunst?*
a) Ausstellung, die ein und dasselbe Werkt aus mehreren Perspektiven (von oben, unten, seitlich usw.) zeigt
b) eine Ausstellung, bei der verschiedene Kunstwerke zum gleichen Thema gezeigt werden
c) eine spezielle Maltechnik
d) Ausstellung, die das Gesamtwerk eines Künstlers oder die Gesamtproduktion einer bestimmten Schaffensperiode präsentiert

Allgemeinbildung: Malerei und bildende Künste

6 *Wer malte das Bild „Nachtwache"?*
a) Rembrandt b) Rubens c) Picasso d) Warhol

7 *Mit welcher Kunstrichtung bringt man Salvador Dalí und René Magritte in Verbindung?*
a) Moderne b) Kubismus c) Impressionismus d) Surrealismus

8 *Welcher universale Künstler des 20. Jahrhunderts ist der bedeutendste Maler der Moderne?*
a) Auguste Renoir b) Pablo Picasso c) Andy Warhol d) Jason Pollock

9 *Welcher deutsche Aktionskünstler machte Objekte aus Honig, Fett und Filz?*
a) Salvador Dalí b) Horst Janssen c) Joseph Beuys d) Käthe Kollwitz

▶ *Lösung siehe Seite 145*

10 *In welchem Land wird das Delfter Porzellan hergestellt?*
a) Deutschland b) Spanien c) Niederlande d) Türkei

Musik

Allgemeinbildung: Musik

1 *Was ist ein Bariton?*
a) ein Ton, den nur ausgebildete Opernsänger treffen
b) eine weibliche Gesangsstimme
c) ein Musikinstrument
d) mittlere Stimmlage, zwischen Tenor und Bass

2 *Was bezeichnet man in der Musik als Oktave?*
a) ein traditionelles irisches Musikinstrument
b) einen Halbton
c) den Notenschlüssel im Fachjargon
d) den achten Ton im Notenintervall oder auch die Gesamtheit der acht Notenstufen

3 *Was ist ein Requiem?*
a) Lied zu Ehren Gottes b) eine Totenmesse
c) ein altes Saiteninstrument d) eine traurige, alte Volksweise

4 *Woher stammt der Flamenco und worum handelt es sich dabei?*

a) Andalusien, Tanzlied
b) Italien, Trauerlied
c) Portugal, Volkslied
d) Deutschland, Kanon

5 *Welche Musikinstrumente tragen den Namen der Firma Steinway?*

a) Gitarren b) Triangeln c) Klaviere d) Trompeten

6 *Wie nennt man die Regie bei der Gestaltung eines Balletts bzw. Tanzstücks?*

a) Regie b) Komposition c) Geographie d) Choreographie

7 *In welchem Land spielt die Oper „Aida"?*

a) Dänemark b) Ägypten c) Italien d) Finnland

8 *Wie viele Opern hat Ludwig von Beethoven (1770-1827) komponiert?*

a) 4 b) 10 c) 1 d) 100

9 *Wer komponierte die romantische Oper „Lohengrin" (1850)?*

a) Richard Wagner
b) Ludwig van Beethoven
c) Bob Marley
d) Giacomo Puccini

10 *Wer komponierte die Operette „Die lustige Witwe" (1905)?*

a) Paul Kuhn b) Peter Tschaikowski c) Franz Lehár d) Richard Wagner

11 *Wer ist seit den 70er-Jahren der erfolgreichste Musicalkomponist der Gegenwart?*

a) Kurt Weill
b) Leonard Bernstein
c) Herbert Grönemeyer
d) Andrew Lloyd Webber

12 *Welcher legendäre Jazztrompeter (Hello Dolly) wurde mit Spitznamen Satchmo genannt?*

a) Glenn Miller b) Louis Armstrong c) Stefan Mross d) Miles Davis

13 *Welches deutschsprachige Volkslied wurde durch Elvis Presley ein Hit?*

a) Die Vogelhochzeit
b) Am Brunnen vor dem Tore
c) Muss i denn ...
d) Hoch auf dem gelben Wagen

14 *Aus welcher Stadt stammen die Beatles?*

a) Manchester b) London c) Paris d) Liverpool

Allgemeinbildung: Musik

15 *Wie heißt der erste Hit der Rolling Stones und wer ist der Leiter der Band?*
a) Rock around the clock, Bill Haley b) Satisfaction, Mick Jagger
c) Chemical reaction, Sasha d) Purple Rain, Prince

16 *Welcher britische Pop-Star fiel durch seine extravaganten Brillen auf?*
a) Elton John b) Heino c) Kurt Cobain d) Robbie Williams

17 *Welche Popgruppe gewann mit „Waterloo“ den Grand Prix d'Eurovision?*
a) Stefan Raab und Band b) Dschingis Khan c) Abba d) Pearl Jam

18 *Mit welcher LP gelang Michael Jackson 1982 der internationale Durchbruch?*
a) Thriller b) Get a grip c) Room to roam d) Killer

19 *Welche amerikanische Sängerin italienischer Herkunft wurde zum Superstar der Pop-Szene?*
a) Celine Dion b) Madonna c) Gianna Nannini d) Annie Lennox

▶ ***Lösung siehe Seite 145***

20 *Wie heißt die Popgruppe mit Dieter Bohlen und Thomas Anders?*
a) Careless Whispers b) Modern Talking c) The Corrs d) Modern Quaking

Film

Allgemeinbildung: Film

1 *Für welchen Film bekamen sowohl Jodie Foster als auch Anthony Hopkins einen Oscar?*
a) Das Mädchen am Ende der Straße b) Nell
c) Das Schweigen der Lämmer d) Matrix

2 *Mit welcher Rolle wurde Margaret Rutherford berühmt?*
a) Miss Marple (Agatha Christie)
b) Miss Sophie (Dinner for one)
c) Miss Jessica (und ihr Chauffeur)
d) Miss Celie („Die Farbe Lila“)

3 *Wer führte Regie in dem Film „Manche mögen's heiß“ mit Marilyn Monroe?*
a) Francis Ford Coppola b) Robert de Niro
c) Steven Spielberg d) Billy Wilder

4 *Welche amerikanische Schauspielerin wurde in den 50er-Jahren zum Sexsymbol Hollywoods?*

a) Winona Ryder b) Elke Sommer
c) Marilyn Monroe d) Lauren Bacall

5 *In welchem Film wurde Humphrey Bogart zu einer Film-Ikone und welche Rolle spielte er?*

a) Der Pate, den Mafia-Boss Corleone
b) Casablanca, Rick, den Barbesitzer
c) Nur die Sonne war Zeuge, den Mörder Ripley
d) Rocky, den Boxer Rocky

6 *Mit welchem Film gewann Humphrey Bogart seinen einzigen Oscar?*

a) Wir sind keine Engel b) Nosferatu
c) African Queen d) Hunde wollt ihr ewig leben

7 *Welche schwedische Film-Diva erhielt den Beinamen „Die Göttliche"?*

a) Liv Ullmann b) Greta Garbo c) Asta Nielsen d) Hildegard Knef

8 *In welcher Stadt an der Riviera finden alljährlich Filmfestspiele statt?*

a) Cannes b) St. Tropez c) Rimini d) Berlin

9 *Wie heißt der begehrte internationale Filmpreis von Cannes?*

a) Rote Laterne b) Goldener Löwe c) Goldene Palme d) Goldene Zitrone

10 *In welchem Film der 30er-Jahre trat Marlene Dietrich (1901 - 1992) als Tänzerin auf?*

a) Leoparden küsst man nicht b) Nosferatu
c) Metropolis d) Der blaue Engel

11 *In welchem Film spielte Dustin Hoffmann einen Autisten?*

a) Der Marathon-Mann b) Die Reifeprüfung c) Nell d) Rain Man

12 *Wie heißt Loriot mit bürgerlichem Namen?*

a) Victor von Bülow b) Ingo Appelt c) Karl Krauss d) Stefan Raab

13 *Wie heißt die weibliche Hauptdarstellerin in „Pretty Woman"?*

a) Winona Ryder b) Julia Roberts c) Jodie Foster d) Christiane Paul

Allgemeinbildung: Film

14 *Wie heißt der beste Freund von Fred Feuerstein?*
a) Bob Felsenstemmer b) Ernie Dinosauer
c) Barney Geröllheimer d) Bruce Wayne

15 *In welchem Schauspieler fand Ginger Rogers den idealen Partner?*
a) Bing Crosby b) Fred Astaire c) Robert de Niro d) King Kong

16 *Wer spielte die weibliche Hauptrolle in „Rosemary's Baby"?*
a) Mia Farrow b) Diane Keaton c) Bette Middler d) Marilyn Monroe

17 *Wie heißt die weibliche Hauptperson in „Vom Winde verweht"?*
a) Lara b) Buttercup c) Scarlett O'Hara d) Erin Brokovich

18 *Welcher Tarzan-Darsteller gewann fünf Medaillen bei olympischen Spielen?*
a) Pierce Brosnan b) Johnny Weißmüller
c) Jürgen Vogel d) Sean Connery

▶ *Lösung siehe Seite 145*

Sport

Allgemeinbildung: Sport

1 *Wer hat das Springpferd „Halla" geritten?*
a) Klimke b) Neckermann c) Schockemöhle d) Winkler

2 *Was ist ein Rhönrad?*
a) Antrieb eines Föhns b) Turngerät c) Dreirad d) Rennrad

3 *Wie lange dauert beim Boxen eine Runde?*
a) 5 Minuten b) 4 Minuten c) 3½ Minuten d) 3 Minuten

4 *Wie viele Spieler gehören zu einer Wasserballmannschaft?*
a) 12 b) 6 c) 7 und 4 Reservespieler d) 4

5 *Wo fand die erste Fußballweltmeisterschaft statt?*
a) Uruguay b) Italien c) Großbritannien d) Schweiz

6 *Wie viele Hürden hat eine 400-Meter-Hürdenlauf-Strecke?*
a) 20 b) 15 c) 10 d) 17

7 *Bei welcher Fechtart ist der gesamte Körper Trefffläche?*
a) Florett b) Degen c)Krummsäbel d) Säbel

8 *Wie nennt man den Spielstock beim Billard?*
a) Dolch b) Bat c) Putter d) Queue

9 *Wie oft darf eine Volleyballmannschaft den Ball hintereinander höchstens berühren?*
a) Nur einmal b) Zweimal c) Dreimal d) Unbegrenzt

10 *Welche Sportart gehört nicht zum Triathlon?*
a) Reiten b) Schwimmen c) Rad fahren d) Laufen

11 *Womit ist ein Medizinball gefüllt?*
a) Sand b) Wildhaare c) Sägemehl d) Schafwolle

12 *Wie lang ist eine Marathonstrecke?*
a) 51,120 km b) 42,195 km c) 42,965 km d) 44,395 km

13 *Wie hoch hängt ein Basketballkorb?*
a) 2,14 m b) 2,44 m c) 3,05 m d) 3,45 m

14 *In welcher Sportart wurde Arantes do Nascimento weltbekannt?*
a) Boxen b) Schwimmen c) Eiskunstlauf d) Fußball

15 *In welcher Stadt ist die Spanische Reitschule?*
a) Granada b) Sevilla c) Rom d) Wien

16 *In welcher Nähe ist „Holmenkollen" (Ski)?*
a) Helsinki b) Stockholm c) Oslo d) Bergen

17 *Wer hat bei den Olympischen Spielen 2000 den 400-m-Lauf der Frauen gewonnen?*
a) Florence Griffith-Joyner b) Franziska van Almsick
c) Cathy Freeman d) Britney Spears

18 *Welche Sportart war 2000 zum ersten Mal olympische Disziplin?*
a) Rhönradfahren b) Badminton c) Kajak d) Hammerwerfen der Frauen

▶ ***Lösung siehe Seite 145***

Intelligenztests

Ging es im vorangegangenen Kapitel noch um Schulwissen und Sachkenntnisse, so stehen nun andere Fähigkeiten und Begabungen auf dem Prüfstand. Im Folgenden sind vor allem Ihr Kombinations- und Ihr abstraktes Denkvermögen gefragt, Ihre Auffassungsgabe und der Mut, auch einmal quer zu denken, außerhalb der konventionellen Muster.
Unter Beweis stellen sollen Sie all das in Scherzfragen, Knobelaufgaben, Übungen zum Kombinationsvermögen, zur verbalen und mathematischen Intelligenz, in Rechenrätseln und Aufgaben zur Merk- und Konzentrationsfähigkeit sowie Ihrem räumlichen Vorstellungsvermögen.
Dabei wollen wir noch einmal betonen, daß wir mit den hier angebotenen Übungen die Messlatte wirklich sehr hoch gehängt haben. Lassen Sie sich also auf gar keinen Fall irritieren oder aus der Ruhe bringen, wenn Sie häufig keine oder nicht die richtige Antwort finden. Das soll natürlich nicht heißen, dass Sie sich nicht anstrengen sollen oder sowieso gleich im Lösungsteil nachschauen können. Ganz im Gegenteil. Wir hoffen, Ihnen mit dieser anspruchsvollen Auswahl eine Herausforderung bieten zu können, an der Sie Ihre Fähigkeiten prüfen, trainieren und verbessern können, in der Sie Mechanismen bestimmter Fragemuster durchschauen lernen und Denkanstöße erhalten.
Und ganz bestimmt wollen wir Sie nicht frustrieren, also nehmen Sie es als eine Art sportlichen Wettbewerb: Sie haben die Latte zum dritten Mal gerissen? Und wenn schon, dann nehmen Sie eben ein viertes Mal Anlauf. Wie schon gesagt, wir haben Sie ja auch wirklich verflixt hoch gehängt ...

Scherzfragen

Für die Beantwortung der Fragen haben Sie 15 Minuten Zeit.

Beim Wort genommen

Scherzfragen: Beim Wort genommen

1. Womit fängt der Tag an und hört die Nacht auf?

2. Es kommt nur einmal in der Minute, zweimal im Moment, aber keinmal im Jahr vor. Was ist das?

3. Lirum, Larum, Löffelstiel, wie schreibt man das mit drei Buchstaben?

4 Wo wächst der beste Wein?

5 Eine Taube kann eher 1,500 kg Weizen fressen als ein Pferd. Stimmt das?

6 Was steht hinter dem Kölner Dom?

7 Woher kommt eine Ente, die in Duisburg im Rhein schwimmt?

8 Was macht ein Glaser, wenn er kein Glas hat?

▶ *Lösung siehe Seite 145*

Zahlenzauber

Scherzfragen: Zahlenzauber

1 Sie besichtigen einen Hühnerhof. Der Eigentümer erklärt ihnen, dass von 240 Hühnern alle außer 60 gestorben sind. Wie viele Hühner hat er noch?

2 Ein Bauer hat 20 Schweine, 40 Kühe und 60 Pferde. Wie viele Pferde hat er, wenn man die Kühe als Pferde bezeichnet?

3 Eine Elektrolok fährt mit einer Geschwindigkeit von 180 km/h genau in Ost-West-Richtung. Der Wind bläst mit einer Geschwindigkeit von 50 km/h aus dem Osten. Wohin weht der Rauch?

4 Ein Chemiker entdeckt, dass ein chemisches (von ihm entwickeltes) Experiment 80 Sekunden dauert, wenn er einen gefütterten Wollmantel trägt. Warum benötigt er für das gleiche am nackten Körper durchgeführte Experiment 1⅓ Minuten?

5 Auf einem Baum sitzen 23 Spatzen. Ein Jäger schießt mit seinem Schrotgewehr 4 Spatzen herunter. Wie viele Spatzen bleiben noch sitzen?

6 Wie viele Monate haben 30 Tage?

7 Sie sind der Fahrer eines neuen Rennwagens. Mit einer Geschwindigkeit von 250 km/h fährt der Wagen auf einer Rennstrecke, die 110 km lang und 5 Meter breit ist. Nach ca. 10 km kann der Fahrer wegen Regens nur noch mit halber Geschwindigkeit fahren. Wie alt ist der Fahrer?

8 Wann ist 25-10=16?

▶ *Lösung siehe Seite 145*

Kombiniere ...

Scherzfragen: Kombiniere...

1. Wo war der Mann der Witwe Bolte während des Hühnerdiebstahls?
2. Kann ein lebender Dackel in einem leeren Sack weggetragen werden?
3. In welcher Behausung wird auch bei bitterster Kälte normalerweise nicht geheizt?
4. Welche Krankheit kommt auf dem Lande nicht vor?
5. Wer geht über ein Feld und bewegt sich dennoch nicht?
6. Ich habe etwas in der Tasche und habe doch nichts in der Tasche.
7. „Im Sommer haben wir Urlaub auf einem Bauernhof gemacht," erzählt Sebastian. „Auf diesem Hof gab es einen Vogel, der keine Eier legte und doch ausgebrütet wurde." Um welches Tier handelt es sich?
8. In welchem Monat schlafen 18-Jährige Chinesen am wenigsten?

▶ *Lösung siehe Seite 146*

Knobelaufgaben

Die folgenden Aufgaben sollten Sie in 25 Minuten lösen.

Nachdenken

Knobelaufgaben: Nachdenken

1. Warum fressen Eisbären in ihrer Heimat keine Pinguine?
2. Wenn ein großes Segelschiff von Hamburg nach New York fährt. Welcher Teil des Schiffes hat die längste Strecke zurückgelegt?
3. Dirk Rechner sagt: „Ich war vorgestern noch 40 Jahre alt, nächstes Jahr werde ich 43." Ist das überhaupt möglich?

4 Seerosen verdoppeln ihre Fläche alle 24 Stunden. Zu Beginn des Sommers gibt es eine Seerose auf dem See, nach 40 Tagen ist der See völlig bedeckt. An welchem Tag ist der See zur Hälfte zugewachsen?

5 Welche Frage kann sinnvollerweise nicht mit nein beantwortet werden?

6 Sie befinden sich in einem viereckigen Haus. Jede Seite zeigt Richtung Süden. Ein Bär kommt vorbei. Welche Farbe hat der Bär?

7 Ein Grieche wurde am siebten Tag des Jahres 40 v. Chr. geboren und starb am siebten Tag des Jahres 40 n. Chr. Wie alt wurde er?

8 Als Julia im Deutschunterricht die zweite Strophe eines Gedichts aufsagen soll, behauptet sie, sie habe nur die erste Strophe auf Seite 31 lernen können, weil die Seite 32 aus dem Buch herausgerissen worden sein. Woher weiß der Lehrer, dass Julia lügt?

▶ *Lösung siehe Seite 146*

Querdenken

Knobelaufgaben: Querdenken

1 Jörg erzählt: „Ich habe vier Männern zugesehen, die die ganze Nacht spielten. Am Ende hatte jeder einen Gewinn von 500 DM. Und keiner hatte auch nur einen Pfennig verloren.“ Wie kann dieses sein?

2 Julia und Andrea sind Schwestern und sehen einander sehr ähnlich. Beide haben dasselbe Geburtsdatum. Dennoch sind sie keine Zwillinge. Warum nicht?

3 Ein Polizist sah einen Taxifahrer, der in einer Einbahnstraße in der falschen Richtung unterwegs war. Wieso hielt der Polizist ihn nicht an?

4 Wie konnte eine Fußballmannschaft ein Spiel gewinnen, obwohl es keinem Mann gelang, auch nur ein einziges Tor zu schießen?

5 Von sechs Kerzen werden vier ausgeblasen. Wie viele bleiben übrig?

Knobelaufgaben: Querdenken

6 „Ich garantiere", sagt der Verkäufer einer Tierhandlung, „dass dieser Papagei jedes Wort wiederholt, das er hört." Der Kunde kaufte den Papagei und musste feststellen, dass dieser nicht ein einziges Wort sprach. Dennoch hatte der Verkäufer die Wahrheit gesagt. Wie lässt sich das erklären?

7 Wie können zwei Frauen fünf Partien Schach spielen und (ohne ein Unentschieden) beide gleich oft gewinnen?

▶ *Lösung siehe Seite 146*

8 Sebastian bewegte einen Gegenstand und ging zu einem Hotel. Er wusste sofort, dass er bankrott war. Wieso wusste er dieses?

Situationsdenken

Knobelaufgaben: Situationsdenken

1 Ein bekannter Politiker wurde mit Tomaten beworfen und sehr schwer verletzt. Wie ist das möglich?

2 Auf einer schönen Frühlingswiese liegt ein toter 30-jähriger Sportler. Neben ihm befindet sich ein ungeöffnetes Paket. In seiner Nähe befinden sich keine Lebewesen. Klären Sie die Todesursache auf!

3 Wieso blieb ein Zweijähriger unverletzt, als er im zwölften Stock eines Hochhauses von der Fensterbank fiel?

4 Sven Luftig sagt, dass er beim Kirschenpflücken von einer 7 m hohen Leiter gefallen ist, ohne sich zu verletzen. Wie ist dieses möglich?

5 Claudia wohnt im 13. Stock eines Hochhauses. Wenn sie die Wohnung verlässt, nimmt sie den Aufzug bis zum Erdgeschoss. Wenn sie zurück kommt, fährt sie fast immer bis zum 9. Stock und läuft die restlichen Stockwerke. Warum läuft sie?

6 Bei Sven Morgenmuffel ist das Licht ausgefallen, deshalb geht er in den Keller des Sechsfamilienhauses, um die Sicherungen zu überprüfen. Die massive Kellertür fällt hinter ihm ins Schloss und ist nicht mehr zu öffnen. Obwohl ihn aus dem Keller niemand mehr hören kann, macht er intensiv auf sich aufmerksam. Wie ist das möglich?

▶ *Lösung siehe Seite 146*

Problemdenken

Knobelaufgaben: Problemdenken

1. Wie kann die Kochzeit von 15 Minuten für ein Ei bestimmt werden, wenn nur eine Eieruhr (Sand) für sieben Minuten und eine für elf Minuten vorhanden sind?

2. Sie kommen in einer dunklen Nacht an eine Gabelung. Ein Weg führt zum Schloss und der andere ins Moor. An der Gabelung befindet sich ein Haus. In diesem Haus wohnen 2 Brüder. Der eine sagt immer die Wahrheit und der andere lügt immer. Sie stellen einem (Sie wissen nicht welchem!) eine Frage. Nach der Antwort wissen Sie den richtigen Weg. Wie lautet die Frage?

3. Eine Frau antwortet entweder immer unehrlich oder wechselt zwischen ehrlichen und erlogenen Antworten ab. Wie können Sie mit zwei Fragen, die nur mit Ja oder Nein beantwortet werden dürfen, feststellen, ob sie die Wahrheit sagt, lügt oder sich abwechselt?

4. Der Hofastrologe hatte den König provoziert. „Wenn du wirklich alles vorhersehen kannst, wie du behauptest“, fauchte ihn der König an, „dann nenne mir jetzt sofort den Tag, an dem du sterben wirst!“ Der Sterndeuter wusste, dass der König sehr abergläubisch war. Er schaffte es, seinen Kopf noch aus der Schlinge zu ziehen. Was antwortete er?

5. In einem Land leben Männer, die entweder Jäger oder Sammler sind. Sie unterscheiden sich äußerlich nicht. Die Jäger sagen nie die Wahrheit und die Sammler lügen nie. Sie heißen Aalto, Bingo und Che. Aalto sagt: „Wir gehören alle drei zur Gruppe der Jäger.“ Dem widersprach jedoch Bingo: „Nein, einer von uns ist Sammler.“ Was ist Che?

6. Eine Abteilung Soldaten erreicht einen Fluss. Die Brücke ist gesprengt und der Fluss reißend. Während der Offizier überlegt, was zu tun ist, sieht er ein kleines Boot, in dem zwei Kinder rudern. Er bemerkt aber auch sofort, dass es nur entweder einen Soldaten oder zwei Kinder tragen kann; also nicht einmal einen Soldaten und ein Kind. Trotzdem kommt er dahinter, wie er seine Leute über den Fluss bringen kann. Wie macht er das?

Knobelaufgaben: Problemdenken

7 Sie wandern mit einem Freund. Plötzlich stehen Sie an einem Bach. Der Bach ist 3,50 m breit. Sie haben zwei Bretter von 3,00 m zur Verfügung. Es sind keine anderen Hilfsmittel vorhanden. Wie kommen Sie über den Bach?

8 Ein reicher Firmeninhaber möchte sich zur Ruhe setzen. Der Betrieb soll Mitgliedern der Geschäftsleitung übertragen werden; das sind die beiden Verkaufsleiter Herr Blumenkohl und Herr Kungel sowie der Buchhalter Herr Schlag. Für die Verteilung hat er sich folgendes ausgedacht.
a) Sollte Herr Blumenkohl den nächsten Auftrag hereinholen, dann erhält dieser zwei Drittel der Firma; das übrige Drittel des Betriebs wird Herrn Schlag übertragen.
b) Im Falle, dass der nächste Auftrag auf Herrn Kungels Konto geht, soll diesem ein Drittel der Firma übertragen werden und Herrn Schlag zwei Drittel. Am nächsten Auftrag sind die Herren Blumenkohl und Kungel jedoch gemeinsam beteiligt. Wie soll der Betrieb jetzt aufgeteilt werden?

▶ *Lösung siehe Seite 146 f.*

Kombinationsvermögen

Für die Lösung dieser Aufgaben stehen Ihnen 35 Minuten zur Verfügung.

Wochentage finden

Kombinationsvermögen: Wochentage suchen

1 Übermorgen ist Mittwoch. Welcher Tag war gestern?

2 Vor genau einer Woche war es zwei Tage nach Samstag. Welcher Tag ist heute?

3 Gestern war vier Tage nach dem zweiten Tag. Welcher Tag ist morgen, wenn der elfte Tag ein Freitag ist?

4 Den ersten intensiven Streit hatten sie genau 200 Tage nach der Hochzeit. Diese wiederum fand am vierten Tag statt. Der 287. Tag ist ein Sonntag. An welchem Tag war der erste Streit?

5 Vor 47 Tagen haben wir den Aufstieg unserer Mannschaft gefeiert. Vier Tage später war das Erdbeben. Welcher Tag ist in sechs Tagen, wenn 11 Tage nach dem Erdbeben ein Montag war?

6 Vor zwei Wochen und drei Tagen war das Endspiel der Weltmeisterschaft, für das Sie bereits am 8. April Eintrittskarten kauften. Sechzehn Tage nach dem 2. Oktober ist ein Donnerstag. Welcher Tag ist übermorgen, wenn zwischen dem Kauf und dem Endspiel 73 Tage vergingen? Mo

▶ *Lösung siehe Seite 147*

Verwandte finden

Kombinationsvermögen: Verwandte finden

1 Dirk sagt: „Er ist nicht mein Bruder und doch der Sohn meiner Mutter." Wer ist es?

2 Herr Welle fragt Herrn Klug: „Wer ist jener Mann dort?" Herr Klug antwortet: „Dieses Mannes Mutter ist meiner Mutter Schwiegermutter."

3 Ein Junge sagt zu seiner Mutter: „Frage du doch einmal die Tochter meines Vaters, was sie der Tochter seines Vaters zu Weihnachten schenkt." Wer will da wem was schenken?

4 Zwei Väter und zwei Söhne gehen gemeinsam auf die Jagd. Jeder von ihnen schießt einen Hasen, dennoch schießen sie insgesamt nur drei Hasen. Wie ist das möglich?

5 Ein Mann hat sechs Töchter, und jede Tochter hat einen Bruder. Wie viele Kinder hat der Mann?

▶ *Lösung siehe Seite 147*

Logisches Kombinieren

Kombinationsvermögen: Logisches Kombinieren

1 Emil ist größer als Claus, Dieter ist größer als Bernd. Claus ist kleiner als Anton, jedoch größer als Dieter; Anton ist kleiner als Emil. Wer ist größenmäßig in der Mitte?

2 Auf dem Fensterbrett stehen drei Vasen in einer Reihe; eine ist aus Glas, eine aus Ton, die dritte aus Porzellan. Die linke ist aus Glas, die mittlere ist nicht aus Porzellan. Aus welchem Material ist die rechte Vase?

Kombinationsvermögen: Logisches Kombinieren

3. In einem Kleinbus sitzen vier Kegelbrüder hintereinander. Jeder hat einen Gegenstand auf dem Schoß. Der Mann hinter Axel hat ein Radio. Paul sitzt hinter Bernd. Vor Heinz sitzt der Mann mit dem Fernglas. Axel sitzt vorn. Der Mann auf dem Platz vor Bernd hat ein Buch. Wer hat die Flasche?

4. Drei Herren haben jeweils ein Hobby und einen Beruf. Einer davon ist Zahnarzt, der andere Jurist und der dritte Pilot. Herr Held ist nicht der Pilot und Herr Hald ist kein Jurist. Ihre Hobbys sind unterschiedlich; der dritte Herr heißt übrigens Hild. Der Pilot spielt nicht Golf, der Jurist ist leidenschaftlicher Tennisspieler, und Herr Hald hasst Polo. Können Sie die Hobbys und die Berufe der drei Herren nennen?

5. Beantworten Sie bitte mit Hilfe der 15 folgenden Aussagen die zwei Fragen am Ende dieser Aufgabe!
   1. Es gibt fünf Häuser.
   2. Der Engländer wohnt im roten Haus.
   3. Der Spanier besitzt einen Hund.
   4. Kaffee wird im grünen Haus getrunken.
   5. Der Italiener trinkt Tee.
   6. Das grüne Haus steht rechts neben dem braunen Haus.
   7. Der Mann, der Ernte raucht, besitzt Schnecken.
   8. Menthol-Zigaretten werden im gelben Haus geraucht.
   9. Milch wird im mittleren Haus getrunken.
   10. Der Norweger lebt im ersten Haus.

Häuser	*1*	*2*	*3*	*4*	*5*
Nationalität					
Farbe					
Zigaretten					
Getränke					
Tiere					

11. Der HB-Raucher lebt im Haus neben dem Mann mit dem Fuchs.
12. Menthol-Zigaretten werden geraucht im Haus, das neben dem Haus mit dem Pferd steht.
13. Der Roth-Händle-Raucher trinkt Orangensaft.
14. Der Japaner raucht West-Zigaretten.
15. Der Norweger lebt im Haus neben dem blauen Haus.

Fragen: A) Wer trinkt Wasser?
B) Wem gehört das Zebra?

Lösung siehe Seite 147

Rechnen und Logik

Kombinationsvermögen: Rechnen und Logik

1. Strecke A ist 2 m länger als Strecke B, die Strecke C ist 1 m kürzer als Strecke B, die Strecke D 3 m länger als Strecke C. Welche Strecken sind gleichlang?

2. Strecke X ist kürzer als Strecke Z; Strecke Y ist länger als Strecke X. Die Strecken X und Y sind zusammen genauso lang wie die Strecke Z. Wie lang ist die Strecke Y?
a) die Hälfte von Z b) unbestimmbar c) zweimal so lang wie X d) solche Längenverhältnisse sind unmöglich e) zwei Drittel der Länge von Z.

3. In einem afrikanischen Dorf leben 800 Frauen. 12 Prozent von ihnen tragen einen Ohrring. Von den anderen 88 Prozent trägt die Hälfte zwei Ohrringe, die andere Hälfte keinen Ohrring. Wie groß ist die Gesamtzahl der von den Frauen getragenen Ohrringe?

4. Die Busse der Linie D 16 starten vom König City in Bottrop und fahren regelmäßig zwischen dieser Kneipe und dem Schnellen Zocker in Essen (24 km) hin und her. Auf der Linie sind elf Busse eingesetzt. Jeder Bus wartet an der Endstation eine Minute und fährt dann wieder zurück. Harry Hirsch, ein Fahrer aus Oberhausen, begann seine Fahrt am König City und fuhr bis zum Schnellen Zocker, wobei er jeden Bus der Linie D 16, den er traf, notierte. Nach seinen Berechnungen traf er alle 1,800 km einen Bus der gleichen Linie, der nach seinen Schätzungen eine Durchschnittsgeschwindigkeit von 22 km/h hatte. Wie viele Busse traf er auf seiner Fahrt?

5 Verbinden Sie die folgenden Kreuze mit vier geraden Linien! Nicht absetzen! Jeder Punkt muss wenigstens einmal berührt werden.

▶ *Lösung siehe Seite 148*

X X X
X X X
X X X

Verbale Intelligenz

Für den Testteil zur verbalen Intelligenz stehen Ihnen 40 Minuten zur Verfügung.

Sprach-Analogien – Aufgabe 1

a verhält sich zu b wie c zu d (evtl. mehrere Möglichkeiten)!

Verbale Intelligenz: Sprach-Analogien 1

1	a) Mädchen	b) Junge	c) weiblich	d)...
2	a) Palast	b) Hütte	c) reich	d)...
3	a) Stuhl	b) sitzen	c) Auto	d)...
4	a) Mehl	b) Brot	c) Fleisch	d)...
5	a) hoch	b) tief	c) hell	d)...
6	a) Wasser	b) Eimer	c) Früchte	d)...
7	a) gehen	b) rennen	c) Wind	d)...
8	a) Kirschblüte	b) Apfelbaum	c) Kirschbaum	d)...
9	a) Rollbahn	b) Flugplatz	c) Straße	d)...
10	a) Knochen	b) Skelett	c) Ziegelstein	d)...
11	a) Baum	b) Ast	c) Buch	d)...
12	a) Baum	b) Zweig	c) Oper	d)...

13 a) sparsam b) geizig c) vorsichtig d)...

14 a) Obst b) Birne c) Motoren d)...

15 a) Irrtum b) Lüge c) Zufall d)...

▶ *Lösung siehe Seite 148*

Sprach-Analogien – Aufgabe 2

Das erste Wort verhält sich zum zweiten, wie das Dritte zu...

Verbale Intelligenz: Sprach-Analogien 2

1 *finden : verlieren = erinnern : ...*
a) träumen b) behalten c) widerrufen d) nachdenken e) vergessen

2 *Briefträger : Geldbriefträger = Schmied : ...*
a) Amboss b) Eisenhändler c) Feuer d) Hufschmied e) Schmiedeeisen

3 *Beratung : Beschluss = überlegen : ...*
a) abwägen b) verhandeln c) entscheiden d) beurteilen e) nachdenken

4 *Straßenbahn : Schiene = Omnibus : ...*
a) Räder b) Achsen c) Geschwindigkeit d) Straße e) Reiten

5 *Sportler : Laufschuhe = Wissenschaftler : ...*
a) Bibliothek b) Forschung c) Arbeit d) Studium e) Mikroskop

6 *Holz : hobeln = Eisen : ...*
a) biegen b) hämmern c) gießen d) schmieden e) feilen

7 *Silber : Gold = Fingerring : ...*
a) Rubin b) Platin c) Taschenuhr d) Edelstein e) Armband

8 *Blut : Ader = Wasser : ...*
a) Regen b) Traufe c) Flussbett d) Schleuse e) Hydrant

9 *Treppe : Leiter = Haus : ...*
a) Aufzug b) Hof c) Wendeltreppe d) Zelt e) Zimmer

Verbale Intelligenz: Sprach-Analogien 2

10 *Gebirge : Pass = Fluss : ...*
a) Steg b) Brücke c) Furt d) Fähre e) Boot

11 *Blumen : Vase = Vogel : ...*
a) Nest b) Luft c) Hecke d) Baum e) Käfig

12 *Nahrung : Gewürz = Vortrag : ...*
a) Rede b) Humor c) Beleidigung d) Ansprache e) Gliederung

13 *Zunge : sauer = Nase : ...*
a) riechen b) atmen c) schmecken d) brenzlig e) salzig

14 *Mantel : Rock = Wolle : ...*
a) Stoff b) Schaf c) Seide d) Pullover e) Textilien

▶ *Lösung siehe Seite 148*

15 *Blindheit : Farbe = Taubheit : ...*
a) Gehör b) Hören c) Ton d) Worte e) Ohr

Synonyme finden

Ermitteln Sie das Wort, das dem ersten (a) in der Reihe am ähnlichsten ist.

Verbale Intelligenz: Synonyme

1 a) schnell b) weiter c) heftig d) geschwind e) kräftig f) vorwärts

2 a) anfangen b) beginnen c) lernen d) weitermachen e) wiederholen f) aufsteigen

3 a) Finsternis b) Kälte c) Dunkelheit d) Winter e) Dämmerung f) Abend

4 a) verstecken b) fliehen c) täuschen d) verstellen e) verbergen f) leugnen

5 a) rau b) heftig c) grob d) boshaft e) schlimm f) kräftig

6 a) vernünftig b) sorgfältig c) deutlich d) aufmerksam e) willig f) verständig

7 a) schimpfen b) loben c) strafen d) schelten e) schlagen f) belohnen

8 a) verstehen b) beweisen c) überzeugen d) erklären e) zeigen f) begreifen

9 a) mächtig b) heftig c) gewaltig d) herrlich e) roh f) gewaltsam

10 a) Mut b) Stärke c) Stolz d) Fleiß e) Kraft f) Tapferkeit

▶ *Lösung siehe Seite 148*

Antonyme finden

In jeder Zeile stehen fünf Begriffe. Zwei von ihnen drücken genau das Gegenteil voneinander aus. Um welche Begriffe handelt es sich?

Verbale Intelligenz: Antonyme

1 a) abfahren b) aufpassen c) liegen d) anmelden e) abstehen

2 a) Verfall b) Wiederaufbau c) Wiedersehen d) Verdienst e) Verstärkung

3 a) Gerüst b) Begehren c) Abscheu d) Begleitung e) Reifung

4 a) geordnet b) ungenau c) unnütz d) konkret e) unlogisch

5 a) machbar b) unaufgefordert c) unausführbar d) mächtig e) unnahbar

6 a) erforderlich b) auf keinen Fall c) bedeutend d) unnötig e) erneut

7 a) real b) politisch c) pflichtgemäß d) überlegen e) fantastisch

8 a) Ort b) Weite c) Sicht d) Beengtheit e) Umrahmung

9 a) allmählich b) alltäglich c) allseits d) schlagartig e) geschlossen

10 a) gesondert b) mannigfaltig c) gleichartig d) abartig e) widersinnig

▶ *Lösung siehe Seite 148*

Gemeinsame Eigenschaften erkennen

Ein Wort gehört nicht dazu!

Verbale Intelligenz: gemeinsame Eigenschaften

1. a) klopfen b) essen c) nähen d) sägen e) hämmern
2. a) Scheidung b) Abschied c) Pass d) Grenze e) Trennung
3. a) wellig b) rau c) holprig d) glatt e) eben
4. a) hobeln b) bohren c) schleifen d) polieren e) bügeln
5. a) Kompass b) Uhr c) Wegweiser d) Polarstern e) Kurs
6. a) Filter b) Gardine c) Schirm d) Gitter e) Netz
7. a) Haus b) Iglu c) Villa d) Kaufhaus e) Hütte
8. a) Hering b) Wal c) Hai d) Steinbutt e) Kabeljau
9. a) Jupiter b) Hermes c) Mars d) Neptun e) Merkur
10. a) Rembrandt b) Shakespeare c) Tintoretto d) Raffael e) Monet
11. a) Fliege b) Pinguin c) Ente d) Fledermaus e) Star
12. a) Dhau b) Frachter c) Rikscha d) Brigg e) Dschunke
13. a) Geige b) Posaune c) Klarinette d) Horn e) Saxophon
14. a) Omnibus b) Straßenbahn c) Motorrad d) Fahrrad e) Eisenbahn
15. a) binden b) fügen c) lösen d) knoten e) kleben
16. a) Berlin b) Kairo c) New York d) London e) Paris
17. a) ROFD b) DERESCEM c) PRESCHO d) NOBIEG e) LEPO

18 a) Blair b) Reagan c) Clinton d) Bush e) Carter

19 a) München b) Wiesbaden c) Schwerin d) Köln e) Dresden

20 a) Portugal b) Kolumbien c) Argentinien d) Brasilien e) Chile

▶ *Lösung siehe Seite 149*

Stammwörter einsetzen

Setzen Sie ein Wort (a) ein, das – entsprechend gebeugt – vor jedes der anderen Wörter (b–e) gesetzt werden kann.

Verbale Intelligenz: Stammwörter

1	a)	b) ...hülse	c) ...gewalt	d) ...meldung	e) ...fetzen
2	a)	b) ...haus	c) ...schlag	d) ...geber	e) ...keller
3	a)	b) ...zeit	c) ...flug	d) ...alarm	e) ...aufnahme
4	a)	b) ...hochzeit	c) ...rennen	d) ...haut	e) ...rüssel
5	a)	b) ...kind	c) ...spiel	d) ...käfer	e) ...zahl
6	a)	b) ...farbe	c) ...knopf	d) ...messer	e) ...luft
7	a)	b) ...wesen	c) ...direktor	d) ...räuber	e) ...nachbar
8	a)	b) ...fahndung	c) ...tausch	d) ...kampf	e) ...finger
9	a)	b) ...lohn	c) ...streik	d) ...leider	e) ...turm
10	a)	b) ...name	c) ...zuwachs	d) ...stand	e) ...betrieb
11	a)	b) ...geschrei	c) ...paar	d) ...jahr	e) ...fest
12	a)	b) ...staub	c) ...bohrer	d) ...schmuck	e) ...nadel
13	a)	b) ...trommel	c) ...anschluss	d) ...netz	e) ...salat

14	a)	b) ...führer	c) ...luft	d) ...unglück	e) ...pferd
15	a)	b) ...uhr	c) ...kissen	d) ...farbe	e) ...geld
16	a)	b) ...zeichen	c) ...raum	d) ...stand	e) ...brot
17	a)	b) ...bar	c) ...tarif	d) ...dienst	e) ...mensch
18	a)	b) ...geschirr	c) ...salz	d) ...beutel	e) ...fett
19	a)	b) ...tag	c) ...gast	d) ...mann	e) ...titel
20	a)	b) ...haus	c) ...gruppe	d) ...wolle	e) ...grenze

▶ *Lösung siehe Seite 149*

Satzergänzungen

Bitte ermitteln Sie den entsprechenden Begriff (Buchstaben)!

Verbale Intelligenz: Satzergänzungen

1 *Der (Das) ... gehört nicht zum Wetter*
a) Orkan b) Gewitter c) Hagel d) Erdbeben e) Nebel

2 *Das Gegenteil von sparsam ist ...*
a) billig b) geizig c) großzügig d) wertvoll e) reich

3 *Das Gegenteil von niemals ist ...*
a) oft b) manchmal c) gelegentlich d) häufig e) immer

4 *Ein Schuh hat immer (eine) ...*
a) Leder b) Sohle c) Schnürsenkel d) Schnalle e) Kappe

5 *Das Gegenteil von Treue ist ...*
a) Liebe b) Hass c) Freundschaft d) Verrat e) Feindschaft

6 *Der Einfluss eines Menschen auf die Mitmenschen sollte von ... abhängen*
a) Macht b) Überredungskraft c) Besitz d) Ansehen e) Klugheit

7 *Zum Wettkampf gehört immer der (eine) ...*
a) Beifall b) Zuschauer c) Schiedsrichter d) Sieg e) Gegenpartei

8 *Ein Mensch, der dem Fortschritt skeptisch gegenübersteht ist ...*
a) radikal b) liberal c) demokratisch d) anarchistisch e) konservativ

9 *Ein Onkel ist ... älter als sein Neffe*
a) selten b) meistens c) immer d) niemals e) manchmal

10 *Ein Pferd hat immer (eine / einen) ...*
a) Stall b) Hufeisen c) Geschirr d) Hufe e) Mähne

11 *Ein (Eine) ... gehört nicht zur Unfallverhütung*
a) Stopplicht b) Schutzbrille c) Verbandskasten d) Warnzeichen
e) Bahnschranke

12 *Von folgenden Städten ... liegt am weitesten südlich*
a) Berlin b) Magdeburg c) Braunschweig d) Hannover e) Münster

13 *Väter sind ... erfahrener als ihre Söhne*
a) immer b) selten c) grundsätzlich d) gewöhnlich e) viel

14 *Den größten Kalorienwert hat ...*
a) Fisch b) Fleisch c) Fett d) Käse e) Gemüse

15 *Wenn man den prozentualen Anteil der Nieten bei einer Lotterie kennt, kann man die ... berechnen*
a) Höhe der Gewinne b) Anzahl der Teilnehmer c) Anzahl der Gewinne
d) Lotteriesteuer e) Gewinnchancen

16 *Eine noch nicht gesicherte Aussage bezeichnet man als ...*
a) paradox b) verfrüht c) hypothetisch d) zweideutig e) irrig

17 *Um tiefe Töne zu erzeugen benötigt man viel ...*
a) Gefühl b) Kraft c) Schwung d) Gewicht e) Stimme

▶ *Lösung siehe Seite 149*

Sprichwörter zuordnen

Von den zwanzig Sprichwörtern sind zehn nummeriert, zehn mit Buchstaben versehen. Je eines der nummerierten Sprichwörter hat einen ähnlichen Sinn wie eines der mit Buchstaben gekennzeichneten. Ordnen Sie den Zahlen den jeweiligen Buchstaben zu.

Verbale Intelligenz: Sprichwörter zuordnen

1. Keine Rose ohne Dornen
2. Je fetter der Floh, desto magerer der Hund
3. Man muss das Eisen schmieden, solange es heiß ist
4. Was Hänschen nicht lernt, lernt Hans nimmermehr
5. Prüfe zuerst, dann sprich und handle
6. Das Kleid macht nicht den Mann
7. Gemahlen Korn gibt keine Ernte
8. Wenn die Herren vom Rathaus kommen, sind sie am klügsten
9. Dem Mutigen gehört die Welt
10. Was du nicht willst, das man dir tu, das füg' auch keinem andern zu

A. Wer in der Jugend nicht sammelt, muss im Alter darben

B. Der Schein trügt

C. Je ärmer der Bauer, desto reicher der Händler

D. Eier in der Pfanne geben Kuchen, aber keine Küken

E. Quäle nie ein Tier im Scherz, denn es fühlt wie du den Schmerz

F Frisch gewagt ist halb gewonnen

G Kein Lohn ohne Arbeit

H Vorgetan und nachbedacht hat manchem schon viel Leid gebracht

I Nachher weiß jeder, wie man hätte ausspielen müssen

J Segle, solange der Wind weht

▶ *Lösung siehe Seite 149*

Wortsalat

In jedem der folgenden Sätze wurden zwei Wörter in der Reihenfolge vertauscht. Markieren Sie die beiden Wörter!

Verbale Intelligenz: Wortsalat

1 Ein ist Luft Gas.

2 Man kann Zucker Seewasser aus nicht gewinnen.

3 Drei Dreieck hat jedes Seiten.

4 Debatten Sie in seien niemals ironisch.

5 Treuen haben wir unseren leider Hund verloren.

6 Das bunten pflückt der Mutter einen Kind Strauß.

7 Es läuft laufen alles so wie es nicht sollte.

8 Ein Universität ist zu Gast in der Kölner Kinderchor.

9 Ich möchte Sie mit einem vertraut für mich unwahrscheinlichen Vorgang wenigstens machen

10 Ein konservativer Auszubildenden übernimmt nach der Ausbildung leider keine Unternehmer.

▶ *Lösung siehe Seite 149*

Wörter bilden

Verbale Intelligenz: Wörter bilden

Welche Wörter können aus den folgenden Buchstaben gebildet werden? Ergänzen Sie die fehlenden Buchstaben.

1	K	Ü		L	S		H		A		K
2		O	L	L		K	T		R		
3		O	T		L	F	Ü		R		R
4		I	S		R		N				
5		T			B	S		U	G		R
6	P			O		E					
7		E	D		C		T				
8	S	P		E		H	E				
9		U	T	O		A		N		N	
10		R		G		N		L	L		
11		E	R	W		L		U		G	
12		W		L	L		N	G	E		
13	A	L		T			U	M			
14		R	Ü	F		I	N		E		
15		Ü		O	D			N	S	T	
16	K	A		F		R	A				
17	A	N		L	I		Z				
18	R		M			T		K			
19		L	Ü	H		I	R		E		
20		N		N	Y	M		T		T	

▶ *Lösung siehe Seite 149*

Rechenrätsel

Für diesen Aufgabenkomplex haben Sie 25 Minuten Zeit.

Zeichen und Zahlen

Rechenrätsel: Zeichen und Zahlen

1. Welches Zeichen setzen Sie zwischen die Zahlen 5 und 6, damit das Ergebnis größer als 5, aber kleiner als 6 wird?

2. Die Summe 55 ist aus drei Zahlen gebildet worden. Eine davon ist eine Primzahl aus zwei gleichen Ziffern. Die beiden restlichen Summanden sind ungleich, jedoch die zwei größten, die sich unter dieser Bedingung bilden lassen. Wie lauten sie?

3. Die Summe 49 ist aus zwei Zahlen gebildet worden; eine davon ist eine durch 2 teilbare zweistellige Zahl aus zwei gleichen Ziffern. Wie lautet der fehlende Summand?

4. Schreiben Sie drei Neuner so auf, dass sie den Zahlenwert elf ergeben und drei Dreier, dass sie den Zahlenwert vier ergeben.

5. Es ist egal, ob sie von einer Zahl fünf abziehen oder die Zahl durch fünf teilen. Sie erhalten immer das gleiche Ergebnis. Welche Zahl ist es?

▶ *Lösung siehe Seite 150*

Strecken, Zeit und Geschwindigkeit

Rechenrätsel: Strecken, Zeit und Geschwindigkeit

1. Eine Schnecke beschloss, einen Zaun zu erklimmen. Der glatte Zaun war 2,10 m hoch; die fleißige Schnecke schaffte tagsüber 70 cm; nachts rutschte sie immer wieder 40 cm zurück. Wann war sie endlich oben?

2. Ein Jogger sagt: „Ich lege jeden Tag fünf Kilometer und die Hälfte der Gesamtstrecke zurück.“ Wie viele Kilometer läuft er?

3. Ein schneller Hund läuft 20 m in der Sekunde. Ein Hase hat 100 m Vorsprung und läuft 15 m in der Sekunde. Wann hat der Hund den Hasen erwischt, wenn dieser keine Haken schlägt?

4. Ein Schiff fährt flussabwärts von Köln nach Düsseldorf mit einer Geschwindigkeit von 36 km/h. Zurück fährt es mit einer Geschwindigkeit von 18 km/h. Wie viel km/h beträgt die Durchschnittsgeschwindkeit auf dem gesamten Weg?

5. Ein junger Radfahrer besucht seine Verlobte, um ihr einen Blumenstrauß zu schenken. Anschließend kehrt er zu seinem Ausgangspunkt zurück. Auf dem Hinweg kommt er, wegen des Blumenstraußes, auf eine Durchschnittsgeschwindigkeit von nur 17 km/h, die sich aber auf dem Rückweg auf 23 km/h erhöht. Wie schnell ist dieser Radfahrer im Durchschnitt auf der Strecke gefahren?

▶ *Lösung siehe Seite 150*

Eine Frage des Verhältnisses

Rechenrätsel: Eine Frage des Verhältnisses

1. Klaus Pute wird nach der Anzahl seiner Schweine und Gänse gefragt. Er sagt: „Zusammen haben sie 45 Köpfe und 150 Beine." Um wie viele Tiere handelt es sich?

2. Wenn ein Bürovorsteher dreimal so alt ist wie der Auszubildende und doppelt so alt wie die Sekretärin und alle Personen auf ein Gesamtlebensalter von 88 Jahren zurückblicken können, wie alt ist dann der Bürovorsteher?

3. Zwei Winzer vergleichen ihre Bestände. Winzer Fässchen sagt zu Winzer Mischer: „Da habe ich hier zwei Fässer von zusammen 3410 Liter Wein. Entnehme ich dem einen Fass ein Viertel, dem anderen ein Fünftel seines Inhalts, dann haben beide Fässer gleich viel Inhalt." Wie viel Liter Wein fassen die Fässer?

4. Der alte Sepp wird nach der Zahl seiner Kinder und Enkelkinder gefragt. „Es sind", antwortete er, „mindestens 50, aber höchstens 80. Jedes meiner Kinder hat so viele Kinder, wie es Geschwister hat." Wie viele Kinder und Enkelkinder hat er?

5. Auf einem Ruhrdampfer befinden sich 99 Personen. Es sind doppelt so viele Mädchen wie Jungen und doppelt so viele Erwachsene wie Kinder. Wie viele Jungen sind an Bord?

Praktischer Alltag

Rechenrätsel: Praktischer Alltag

1. Jemand hat schwarze und braune Socken (einzeln) im Verhältnis von 3:5 in seiner Schublade. Wie viele Socken muss er herausnehmen, um mit Sicherheit zwei gleichfarbige Socken zu haben?

2. Ein Gärtner hat ein Beet von genau 10 m Länge. Er will zwei Reihen von Bäumchen pflanzen. In der einen Reihe sollen die Bäumchen einen Abstand von je einem Meter und in der anderen von je zwei Meter voneinander haben. Wie viele Bäumchen braucht er für die Meterreihe und wie viele für die Zweimeterreihe, wenn am Anfang und am Ende des Beetes Bäumchen stehen sollen?

3. Ein Draht von 84 cm Länge ist so zerschneiden, dass das eine Stück drei Viertel der Länge des anderen beträgt. Wie lang ist das größere Stück?

4. Sie haben eine Badewanne mit zwei Wasserhähnen. Wenn der Stöpsel den Abfluss sperrt, füllt der eine Wasserhahn die Wanne in 9 Minuten, der andere in 13 Minuten. Wenn die Wanne voll ist, Sie die Wasserhähne zudrehen und den Stöpsel entfernen, leert sich die Wanne in 18 Minuten. Sie haben den Stöpsel verloren, wollen aber trotzdem baden. Wie lange dauert es, bis die Wanne voll ist, wenn Sie beide Wasserhähne aufdrehen?

5. Ich habe die Angewohnheit, die Rolltreppe nach der U-Bahn hinaufzusteigen, während sie läuft; ich steige 20 Stufen selbst hinauf und brauche insgesamt genau 60 Sekunden, während meine Freundin nur 16 Stufen selber steigt und somit 72 Sekunden benötigt. Wenn morgen die Rolltreppe außer Betrieb wäre, wie viele Stufen hätte ich dann hinaufzusteigen?

▶ *Lösung siehe Seite 150*

Mathematische Intelligenz

Diese Aufgaben sollten Sie in 30 Minuten lösen können.

Mathematische Intelligenz

1. Ein Skatspiel wird gemischt. Sie ziehen eine Karte. Die Spielkarte gehört zu der Gruppe der Pik-Karten. Sie halten die Karte fest. Wie groß ist die Wahrscheinlichkeit, dass Sie beim nächsten Ziehen wieder eine Pik-Karte ziehen?

Mathematische Intelligenz

2. Julia und Sebastian würfeln gegeneinander. Sie haben zwei Würfel und werfen diese jeweils einzeln nacheinander. Bei der Gesamtzahl von 7 bekommt Julia und bei 8 Sebastian einen Punkt. Wer erreicht logischerweise die meisten Punkte?

3. Sie besitzen 15 Bücher. Nach dem Umzug räumen Sie die Bücher in das neue Bücherregal ein. Wie lange dauert es, wenn Sie für jede mögliche Umstellung eine Sekunde benötigen?

4. Auf einer Bank sitzen acht Leute. Jede Minute wechseln sie ihre Plätze, so dass sich jede Minute eine neue Sitzordnung ergibt. Wie lange müssen sie rücken, bis es alle möglichen Sitzordnungen gab?

5. Lars Clever schlägt Ihnen eine Würfelpartie vor. Es wird mit 2 Würfeln gespielt und die erreichten Augen werden miteinander multipliziert. Das höchste Produkt beträgt 36 und das niedrigste 1. Sie vereinbaren nur einen Durchgang für zwei Getränke zu spielen. Clever legt vor und erreicht eine 4 und eine 3. Daraufhin sagt er: „Von 36 Möglichkeiten haben 19 ein kleineres Produkt als 12 und nur 13 ein größeres Produkt. Daher würde ich an Ihrer Stelle freiwillig ein Getränk bezahlen." Was halten Sie von dem Vorschlag?

6. Für ein Schachturnier im Revierpark Vonderort meldeten sich 24 Spieler. Sie wurden in zwei Gruppen aufgeteilt. In jeder Gruppe spielte jeder gegen jeden. Es gab in der Gruppe B 69 Spiele mehr als in der Gruppe A. Lothar Dehen, der in der Gruppe A ungeschlagen blieb, hatte 5½ Punkte (Gewinn = 1 Punkt, Unentschieden ½ Punkt). Wie viele Spiele von ihm verliefen unentschieden?

7. An einer Fußballweltmeisterschaft nehmen in 8 Gruppen jeweils 4 Mannschaften teil.
A) Wie viele Spiele finden in den Gruppen statt, wenn jeder gegen jeden spielt?
Nach den Gruppenspielen kommen die beiden ersten Mannschaften jeder Gruppe weiter. Jetzt geht es im K.o.-System weiter.
B) Wie viele Spiele finden insgesamt noch statt bzw. wie viele Spiele muss eine Mannschaft noch gewinnen, um Weltmeister zu werden?

8 Der Schachklub „Krumme Dame“ will ein Turnier durchführen. Die gemeldeten 12 Teilnehmer müssen jeder gegen jeden spielen. Jeder Spieler, der gewinnt, erhält 20 DM. Für ein Remis gibt es 10 DM. Kann der Kassierer vorher schon das gesamte Preisgeld ausrechnen?

9 Drei Jäger schießen gleichzeitig auf einen Hasen. Von 5 Schüssen erzielt der erste Jäger 3 Treffer, der zweite erreicht eine Trefferquote von 3 zu 10 und der dritte eine von 1 zu 10. Wie hoch ist die Wahrscheinlichkeit, dass mindestens einer der Jäger den Hasen verletzt hat?

10 Wie jeden Sonntag erwarten zwei Eheleute ihre Mütter zum Mittagessen. Leider sind die Beziehungen zwischen den Eheleuten und ihren Schwiegermüttern sehr gespannt; und jeder weiß, dass die Chancen, sich mit seiner Schwiegermutter zu streiten, zwei zu drei stehen und dass dann der Partner aufs Geratewohl Partei ergreift: Einmal streitet er mit seiner eigenen Mutter, das andere Mal gibt es Ehekrach. Wenn die Streitigkeiten zwischen jedem Partner und seiner Schwiegermutter jeweils unabhängig voneinander stattfinden, wie hoch ist dann nach Ihrer Meinung der Anteil der Sonntage, an denen es keinen Ehestreit gibt?

11 Auf ein Inserat bewarben sich 20 Frauen für einen „Messejob“. 7 sind blond, die anderen sind brünett. Drei werden aufs Geratewohl ausgesucht. Wie hoch ist dann die Wahrscheinlichkeit, wenigstens eine Brünette und wenigstens eine Blonde unter ihnen zu finden?

12 Ich muss mich 10 Minuten vor einem Geschäft aufhalten; ich zögere, die Parkuhr zu benutzen (2 DM die halbe Stunde). Der Polizist geht seine Runde alle zwei Stunden, und ich riskiere ein Bußgeld von 48 DM. Daraufhin frage ich den Wirt am Eck, ob er den Polizisten in der letzten Stunde gesehen hat. Aber auf die erhaltene Antwort ist jedes vierte Mal kein Verlass, entweder, weil er irrtümlich meint, ihn gesehen zu haben, oder weil er ihn nicht gesehen hat, obwohl der Polizist in Wirklichkeit doch vorbeigegangen ist. Was würden Sie dann an meiner Stelle tun (ohne Berücksichtigung jeder Moralregel): die 2 DM Parkuhr sofort bezahlen, oder sie nicht zu zahlen, wenn der Wirt aussagt, dass der Polizist in der letzten Stunde vorbeigegangen ist.

▶ *Lösung siehe Seite 150 f.*

Zahlen- und Buchstabenquadrate

Lösen Sie diese Aufgaben innerhalb 50 Minuten.

Magisches Quadrat 1

In den Feldern der Figur sind die Zahlen von 1 bis 12 vorgegeben. Im Feld D3 soll keine Zahl stehen. Jetzt sind die Zahlen von minus 1 bis minus 12 in die restlichen Felder einzusetzen, so dass die Summe jeder waagrechten Reihe, jeder senkrechten Reihe und jeder der beiden Diagonalen null beträgt.

Zahlenquadrat 1

	1	2	3	4	5
A	11				7
B			1	4	3
C	8	6		9	
D		10		2	
E			12		5

▶ *Lösung siehe Seite 151*

Magisches Quadrat 2

In die Felder der Figur sind die Zahlen von 1 bis 25 einzutragen (einige Zahlen sind schon vorgegeben). Im Feld D3 soll eine ungerade Zahl stehen. Bei richtiger Lösung ergeben jede waagrechte Reihe, jede senkrechte Reihe und jede der beiden großen Diagonalen zusammengezählt 65.

Zahlenquadrat 2

	1	2	3	4	5
A	25				2
B					
C					15
D				4	
E	14	3		13	

▶ *Lösung siehe Seite 151*

Magisches Quadrat 3

Bei richtiger Eintragung der Zahlen von 1 bis 25 beträgt die Summe jeder Zeile, jeder Spalte und jeder der beiden Diagonalen 65.

	1	2	3	4	5
A	17				21
B		11		18	
C		20			
D				25	9
E	15		16	2	

Zahlenquadrat 3

▶ *Lösung siehe Seite 151*

Magisches Quadrat 4

Bei richtiger Eintragung der Zahlen von 1 bis 16 (einige Zahlen sind schon vorgedruckt) beträgt die Summe jeder Zeile, jeder Spalte und jeder der beiden Diagonalen 34.

	1	2	3	4
A	4			9
B				
C	1	7		
D			2	

Zahlenquadrat 4

▶ *Lösung siehe Seite 152*

Magisches Quadrat 5

Bei richtiger Eintragung der Zahlen von 1 bis 25 beträgt die Summe jeder Zeile, jeder Spalte und jeder der beiden Diagonalen 65.

Zahlenquadrat 5

	1	2	3	4	5
A		13	5		24
B		9			
C			11	4	
D	14	17			
E				12	18

▶ *Lösung siehe Seite 152*

Magisches Quadrat 6

Bei richtiger Eintragung der Zahlen von 1 bis 25 beträgt die Summe jeder Zeile, jeder Spalte und jeder der beiden Diagonalen 65.

Zahlenquadrat 6

	1	2	3	4	5
A		16			
B		4		11	19
C			20		1
D			3		
E	2				21

▶ *Lösung siehe Seite 152*

Magisches Produkt

Ähnlich wie beim bekannten magischen Quadrat gilt es, in die Kästchen des abgebildeten Schemas ganze Zahlen (also keine Brüche) einzutragen.
Die folgenden Bedingungen gelten:
Alle neun Zahlen müssen voneinander verschieden sein. Werden die drei Zahlen einer Reihe oder einer Spalte oder einer Diagonalen miteinander multipliziert, dann soll sich jedes Mal das gleiche Produkt ergeben; es wird das „Magische Produkt" dieses Quadrats genannt und soll nicht größer als 400 sein. Eine der Zahlen, die größte ist vorgegeben; die zweitgrößte soll rechts unten stehen.

	36	

Magisches Produkt

▶ *Lösung siehe Seite 152*

Buchstabenquadrat 1

In jeder Zeile, jeder Spalte und jeder der beiden Diagonalen müssen einmal die sieben Buchstaben des Wortes JUPITER vorkommen.

	U	T				
U					I	
		R		P		
					U	
		U				J
	R				J	P
		E		T		

Buchstabenquadrat 1

▶ *Lösung siehe Seite 153*

Buchstabenquadrat 2

Die Buchstaben A bis E sollen in das folgende Rechteck so eingetragen werden, dass keine zwei gleichen Buchstaben waagrecht, senkrecht oder diagonal aufeinander folgen. Vier Buchstaben sind bereits eingetragen.

Buchstabenquadrat 2

		C		
A	D			
				B

▶ *Lösung siehe Seite 153*

Merk- und Konzentrationsfähigkeit

Begriffe einprägen – Aufgabe 1

Bitte prägen Sie sich die folgenden Begriffe ein!
Sie haben 6 Minuten Zeit!
Im Anhang finden Sie auf Seite 153 f. ein leere Tabelle, in die Sie die gelernten Begriffe dann eintragen sollen. Versuchen Sie nach Möglichkeit jeweils ein Wort in den Zeilen 1–23 einzusetzen.
Optimal wäre es, alle Reihen und Spalten vollständig auszufüllen.

Merk- und Konzentrationsfähigkeit

	A	B	C
1	Mädchen	Junge	weiblich
2	Palast	Hütte	reich
3	Stuhl	sitzen	Auto
4	Mehl	Brot	Fleisch
5	hoch	tief	hell

	A	B	C
6	Wasser	Eimer	Früchte
7	gehen	rennen	Wind
8	Kirschblüte	Apfelbaum	Kirschbaum
9	Rollbahn	Flugplatz	Straße
10	Knochen	Skelett	Ziegelstein
11	Baum	Ast	Buch
12	Baum	Zweig	Oper
13	sparsam	geizig	vorsichtig
14	Obst	Birne	Motoren
15	Irrtum	Lüge	Zufall
16	Datenverarbeitung	Programm	Zugverkehr
17	Postbote	Beamter	Mars
18	Punkt	Linie	Fläche
19	hochmütig	selbstbewusst	schüchtern
20	etwas	alles	Sekunde
21	Ofen	Wärme	Lampe
22	Sperling	Vogel	Rose
23	Zeit	Uhr	Wärme

▶ *Tabelle zum Eintragen auf Seite 153 f.*

Begriffe merken – Aufgabe 2

Auch hier müssen Sie sich wieder Begriffe einprägen und diese einsetzen, nun jedoch in schwierigerer Variante.

Sie haben diesmal 5 Minuten Zeit, um die Wörter zu lernen! Eine leere Tabelle finden Sie wieder im Anhang auf Seite 155.

Merk- und Konzentrationsfähigkeit

	A	B	C	D	E
1	Wind	Gewitter	Hagel	Erdbeben	Nebel
2	billig	geizig	großzügig	wertvoll	Reich
3	oft	manchmal	gelegentlich	häufig	Immer
4	Leder	Sohle	Schnürsenkel	Schnalle	Kappe
5	Liebe	Hass	Freundschaft	Verrat	Feindschaft
6	Macht	Überredungs-kraft	Besitz	Ansehen	Klugheit
7	Beifall	Zuschauer	Schiedsrichter	Sieg	Gegenpartei
8	radikal	liberal	demokratisch	anarchistisch	Konservativ
9	selten	meistens	immer	niemals	Manchmal
10	Stall	Hufeisen	Geschirr	Hufe	Mähne
11	Stopplicht	Schutzbrille	Verbands-kasten	Warnzeichen	Bahnschranke
12	Berlin	Magdeburg	Braunschweig	Hannover	Münster
13	immer	selten	grundsätzlich	gewöhnlich	Viel
14	Fisch	Fleisch	Fett	Käse	Gemüse
15	paradox	verfrüht	hypothetisch	zweideutig	Irrig
16	Gefühl	Kraft	Schwung	Gewicht	Stimme
17	Auszubil-dender	Ausbilder	Gewerkschaft	Arbeitgeber	Ausbildender

▶ *Tabelle zum Eintragen auf Seite 155*

Sprachanalogien

Das erste Wort verhält sich zum zweiten, wie das dritte zu a–e.
Prägen Sie sich das Lösungswort ein und ordnen Sie es in der Tabelle auf Seite 156 entsprechend zu!
Sie haben 3 Minuten Zeit!

		A	B	C	D	E
1	finden : verlieren = erinnern :	träumen	behalten	widerrufen	nach-denken	vergessen
2	Briefträger : Geldbrief-träger = Schmied :	Amboss	Eisenhänd-ler	Feuer	Huf-schmied	Schmiede-eisen
3	Beratung : Beschluss = überlegen :	abwägen	verhandeln	ent-scheiden	beurteilen	nach-denken
4	Straßenbahn : Schiene = Omnibus :	Räder	Achsen	Geschwin-digkeit	Straße	Reiten
5	Sportler : Laufschuhe = Wissenschaftler:	Bibliothek	Forschung	Arbeit	Studium	Mikroskop
6	Holz : hobeln = Eisen :	biegen	hämmern	gießen	schmieden	feilen
7	Silber : Gold = Finger-ring :	Rubin	Platin	Taschen-uhr	Edelstein	Armband
8	Blut : Ader = Wasser :	Regen	Traufe	Flussbett	Schleuse	Hydrant
9	Treppe : Leiter = Haus :	Aufzug	Hof	Wendel-treppe	Zelt	Zimmer
10	Gebirge : Pass = Fluss :	Steg	Brücke	Furt	Fähre	Boot
11	Blumen : Vase = Vogel :	Nest	Luft	Hecke	Baum	Käfig
12	Nahrung : Gewürz = Vortrag :	Rede	Humor	Beleidi-gung	Ansprache	Gliederung
13	Zunge : sauer = Nase :	riechen	atmen	schme-cken	brenzlig	salzig
14	Mantel : Rock = Wolle :	Stoff	Schaf	Seide	Pullover	Textilien
15	Blindheit : Farbe = Taubheit :	Gehör	Hören	Ton	Worte	Ohr

Merk- und Konzentrationsfähigkeit

▶ *Tabelle zum Eintragen auf Seite 156*

Synonyme zuordnen

Ermitteln Sie das Wort, das dem ersten (a) in der Reihe am ähnlichsten ist. Tragen Sie die Lösungswörter dann in die Tabelle auf Seite 157 ein. Achten Sie dabei auf die korrekte senkrechte Zuordnung.
Sie haben 3 Minuten Zeit!

Merk- und Konzentrationsfähigkeit

	A	B	C	D	E	F
1	schnell	weiter	heftig	geschwind	kräftig	vorwärts
2	anfangen	beginnen	lernen	weiter-machen	wiederholen	aufsteigen
3	Finsternis	Kälte	Dunkelheit	Winter	Dämmerung	Abend
4	verstecken	fliehen	täuschen	verstellen	verbergen	leugnen
5	rau	heftig	grob	boshaft	schlimm	kräftig
6	vernünftig	sorgfältig	deutlich	aufmerksam	willig	verständig
7	schimpfen	loben	strafen	schelten	schlagen	belohnen
8	verstehen	beweisen	überzeugen	erklären	zeigen	begreifen
9	mächtig	heftig	gewaltig	herrlich	roh	gewaltsam
10	Mut	Stärke	Stolz	Fleiß	Kraft	Tapferkeit

▶ *Tabelle zum Eintragen auf Seite 157*

Räumliches Vorstellungsvermögen

Handelt es sich bei der daneben stehenden Abbildung jeweils um einen der Körper a, b, c oder um keinen der Körper (0)? Zum Lösen der Aufgabe haben Sie 4 Minuten Zeit.

Räumliches Vorstellungsvermögen: Abwicklungen räumlicher Körper

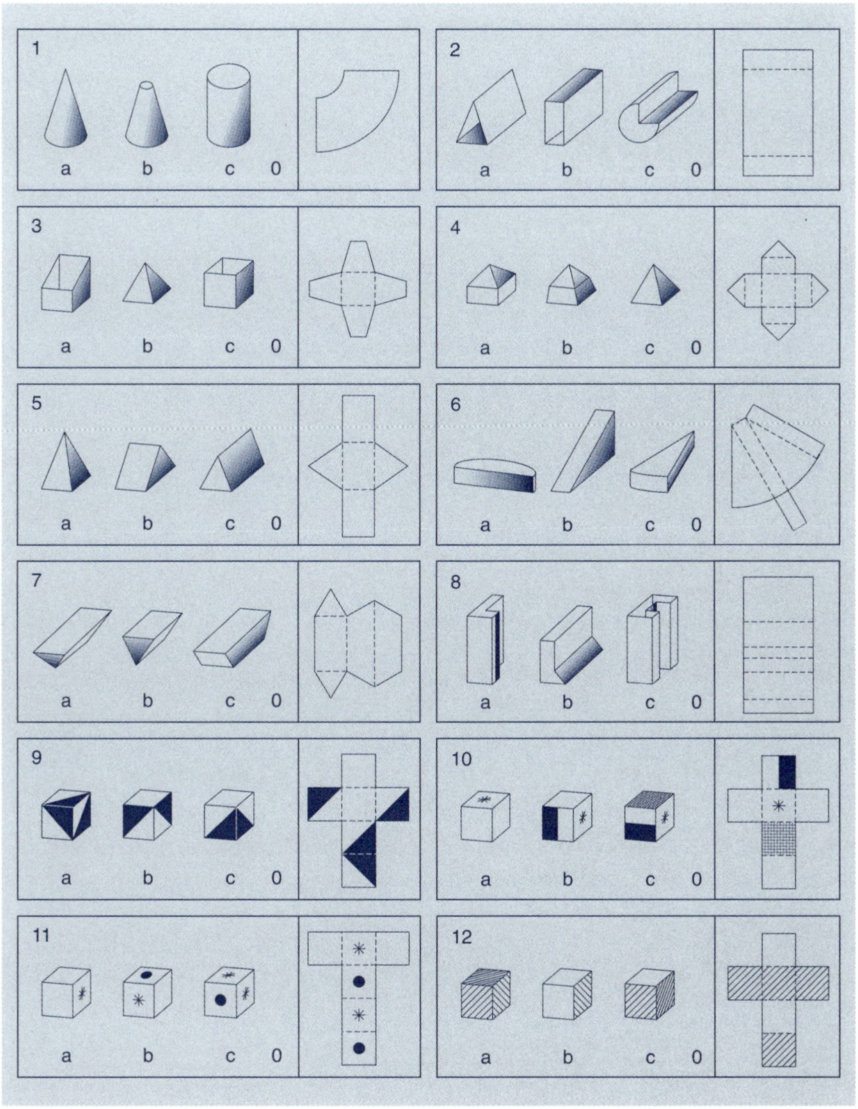

▶ *Lösung siehe Seite 157*

Technisches Verständnis

Zum Bearbeiten dieser Fragen stehen Ihnen 8 Minuten zur Verfügung.

Technisches Verständnis

1 *Eine Tischplatte liegt auf den Gestellen A und B. Auf der Tischplatte steht ein Aktenkoffer. Welches Gestell wird mehr belastet?*

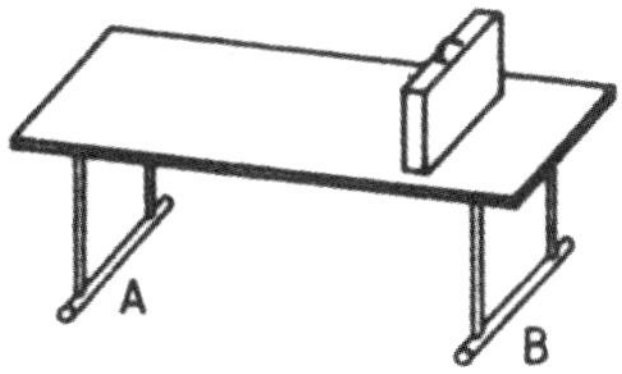

a) das Gestell A
b) das Gestell B
c) beide werden gleich stark belastet

2 *Welcher Schalter muss geschlossen werden, damit der Strom fließen kann?*

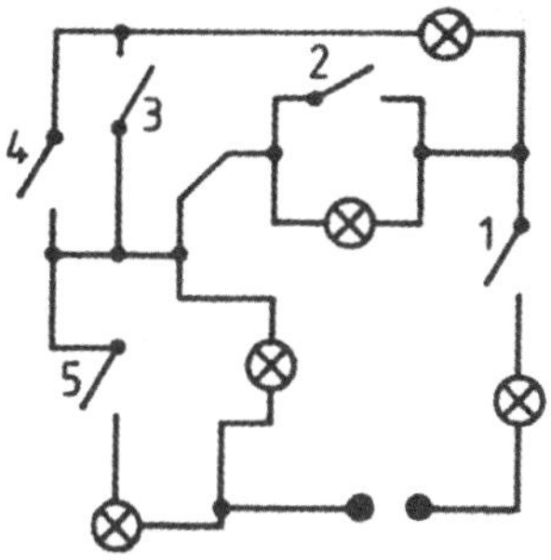

a) Schalter 1
b) Schalter 2
c) Schalter 3
d) Schalter 4
e) Schalter 5

3 *Was passiert, wenn sich das Rad A in Richtung 1 dreht?*

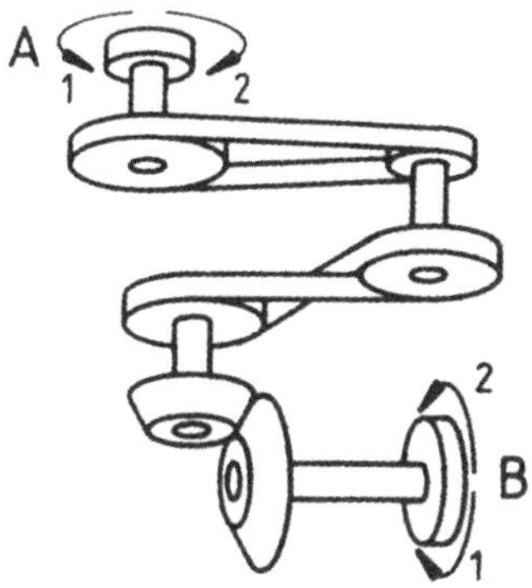

a) Rad B dreht sich in Pfeilrichtung 1
b) Rad B dreht sich in Pfeilrichtung 2
c) Rad B dreht sich überhaupt nicht

4 *Sie sehen 2 Räder, die durch eine Kette miteinander verbunden sind. Welches Rad dreht sich schneller?*

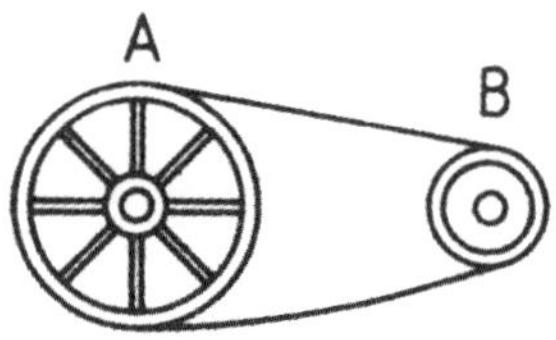

a) Rad A
b) Rad B
c) Beide Räder drehen sich gleich schnell

5 *Auf einem Tisch stehen 4 Vasen. Welche Vase steht am festesten auf der Tischplatte?*

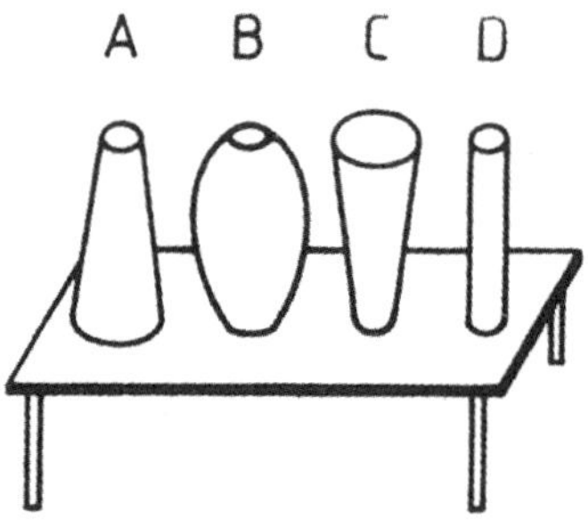

a) Vase A
b) Vase B
c) Vase C
d) Vase D
e) alle Vasen stehen gleich fest

6 *Sie sehen zwei optische Linsen, die aus gleichem Material sind. Welche dieser Linsen hat die kürzeste Brennweite?*

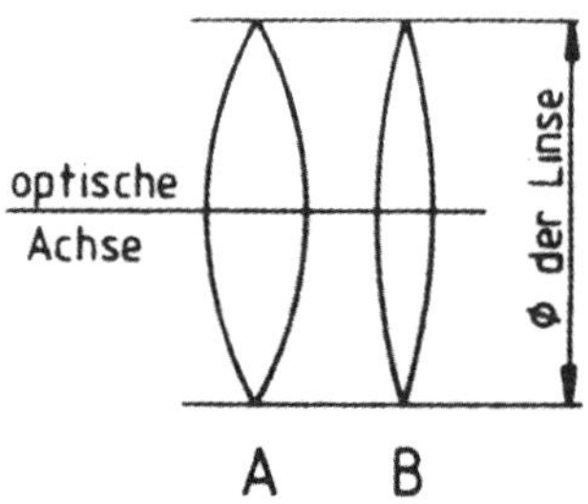

a) Linse A
b) Linse B
c) die Brennweite beider Linsen ist gleich

Technisches Verständnis

7 *9 Kugeln sind so aufgehängt, dass sie sich berühren. Was passiert, wenn die 10. Kugel auf die 9. Kugel prallt?*

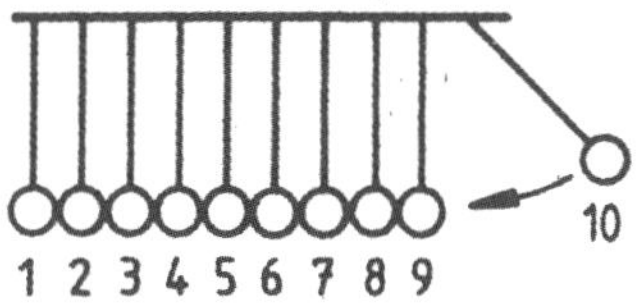

a) 9 Kugeln bewegen sich nicht
b) nur die 1. Kugel bewegt sich nach links
c) alle Kugeln bewegen sich
d) 9 Kugeln bewegen sich nach links

8 *Die Räder A und B haben den gleichen Durchmesser. Wie schnell dreht sich Rad B, wenn Rad A mit einer bestimmten Geschwindigkeit angetrieben wird?*

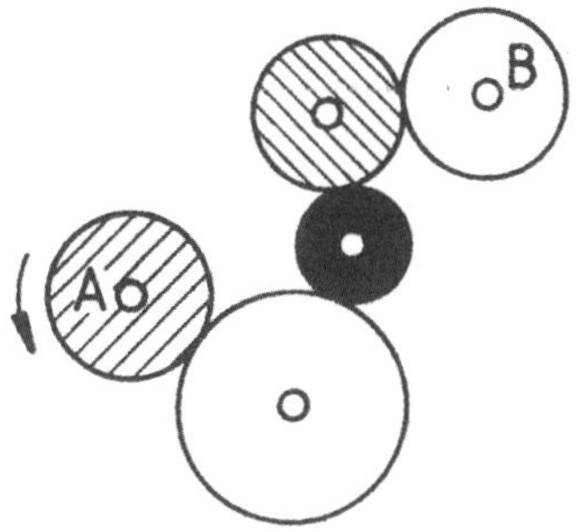

a) genauso schnell wie A
b) viel schneller als A
c) viel langsamer als A
d) Rad B dreht sich überhaupt nicht

9 *Sie sehen drei Stromkreise. Welcher Stromkreis ist geschlossen?*

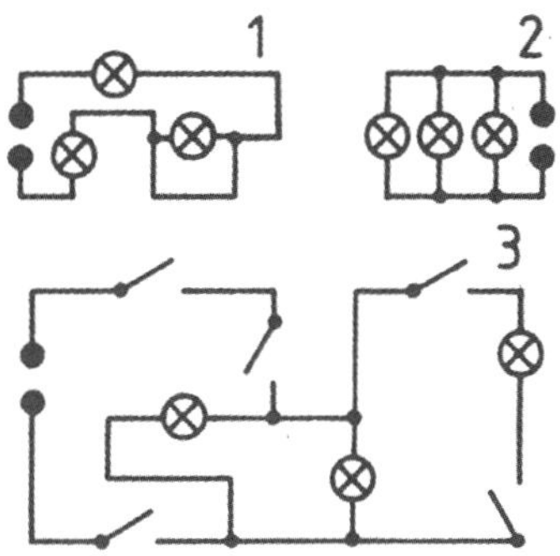

a) nur der 1. Kreis
b) nur der 2. Kreis
c) 1. und 2.
d) nur 3.
e) alle 3 Stromkreise sind geschlossen

10 *Von einer Welle angetrieben dreht sich das oberste Rad in Pfeilrichtung A. In welche Pfeilrichtung drehen sich die Wellen B und C?*

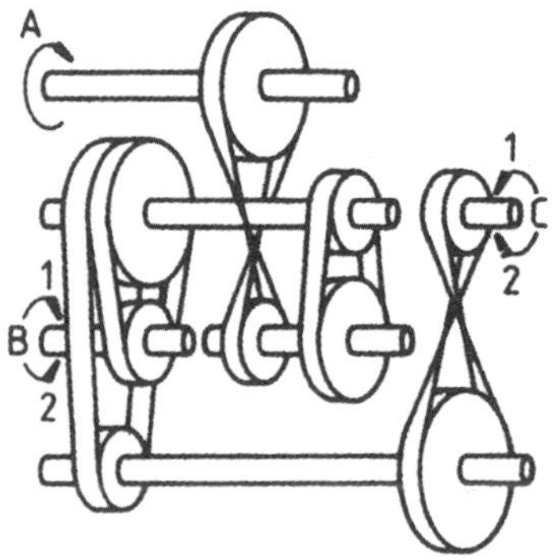

a) B in 1, C in 1
b) B in 2, C in 2
c) B in 1, C in 2
d) B in 2, C in 1
e) B in 1, C nicht

11 *Ein Motorradfahrer kommt in einer Rechtskurve wegen überhöhter Geschwindigkeit von der Fahrbahn ab. Auf welche Seite wird der Motorradfahrer geschleudert?*

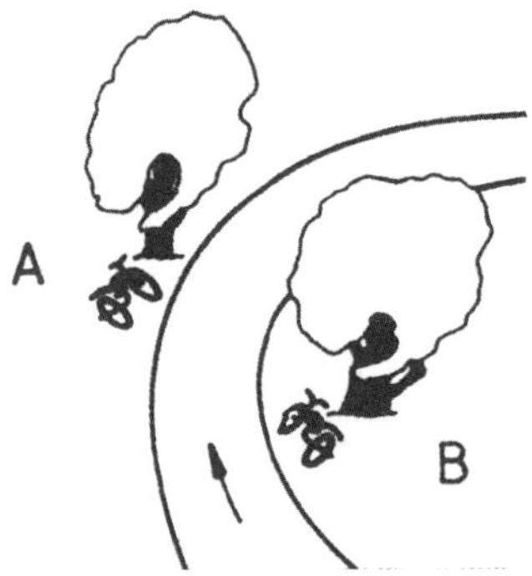

a) Position A
b) Position B

12 *Die Räder A, B und C greifen ineinander. Das Rad A wird in Pfeilrichtung angetrieben. In welche Richtung bewegt sich das Rad C?*

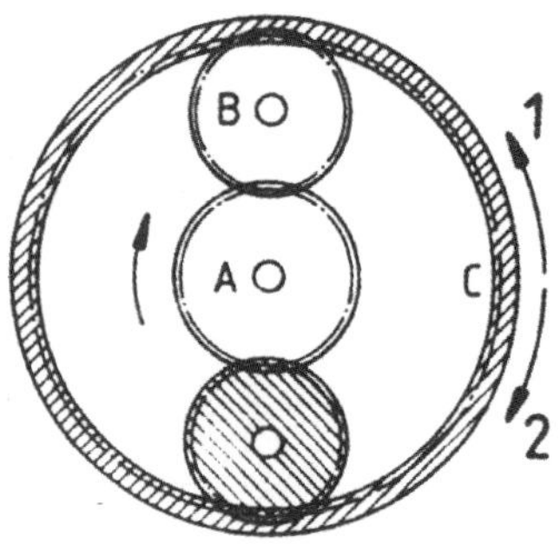

a) die Räder können sich überhaupt nicht drehen
b) das Rad dreht sich in Richtung 1
c) das Rad dreht sich in Richtung 2

▶ *Lösung siehe Seite 157*

Bildlogik

Suchen Sie unter den nummerierten Figuren jeweils die richtige heraus. Sie haben hierfür 5 Minuten Zeit.

Bildlogik

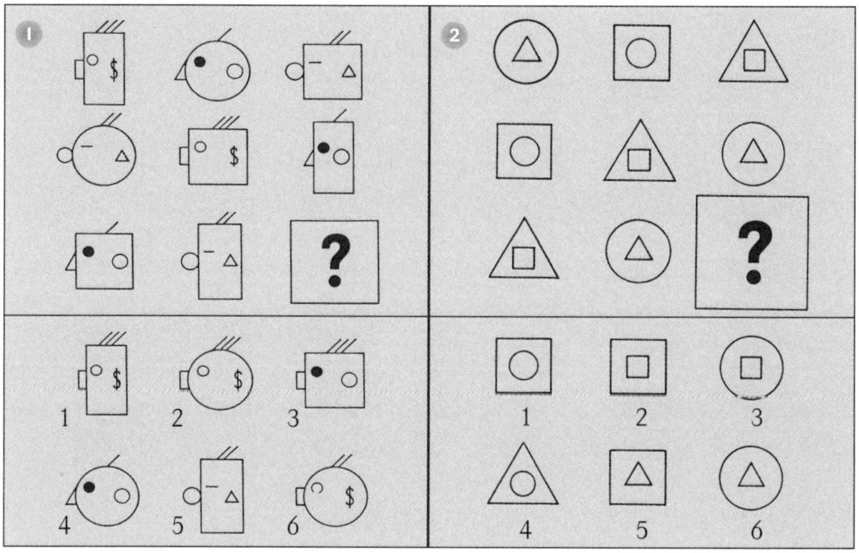

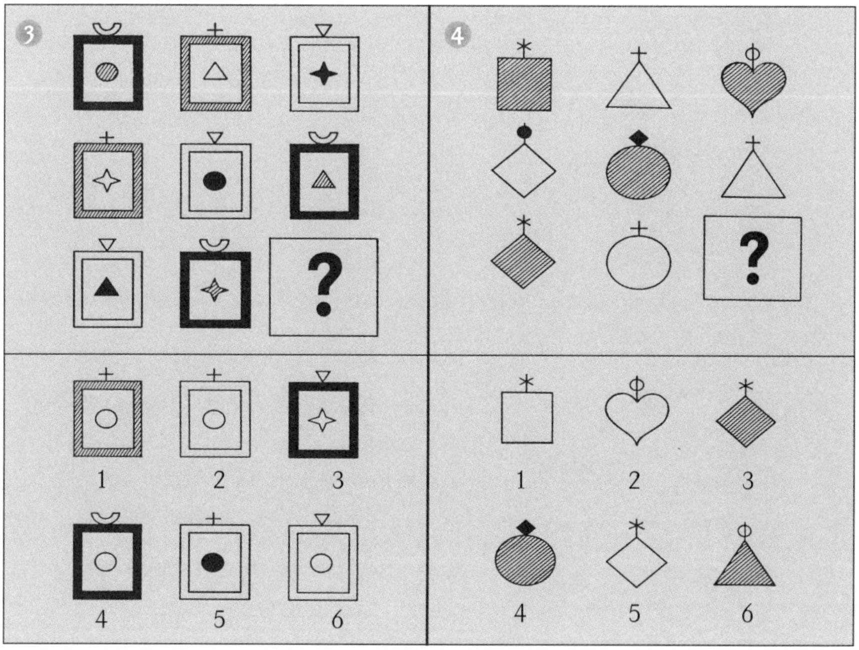

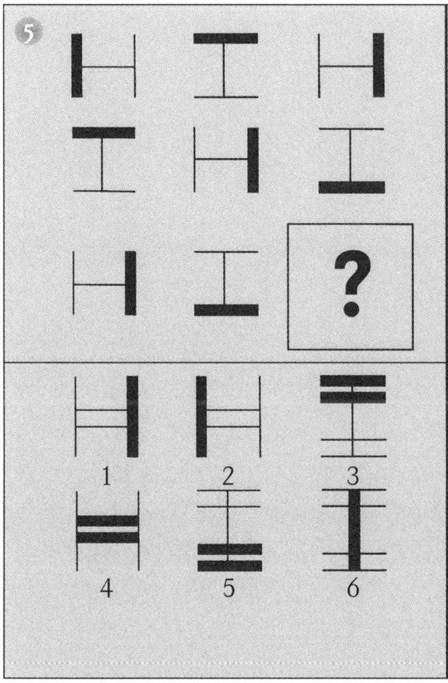

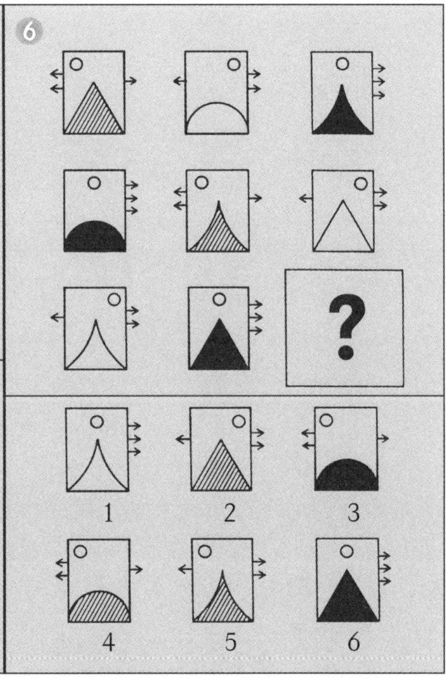

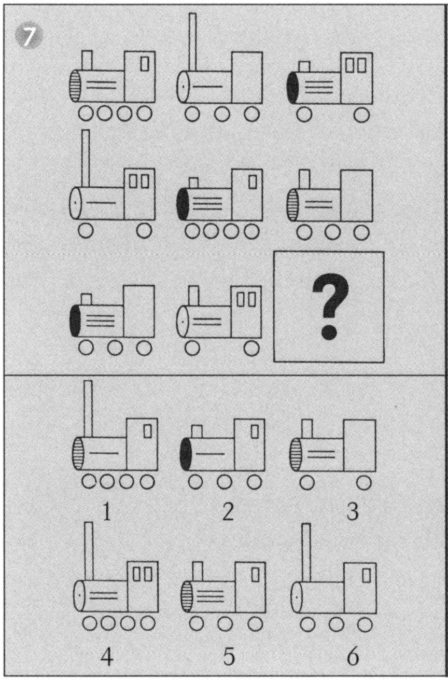

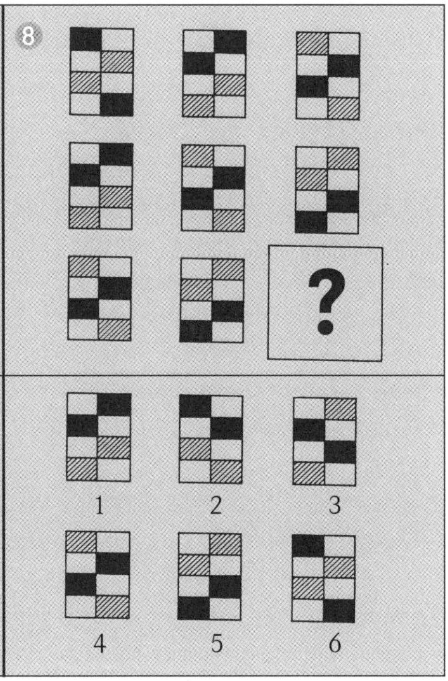

▶ *Lösung siehe Seite 157*

Extra –

Das Assessment-Center

Bisher galten sie als der Härtetest für künftige Top-Manager und Führungskräfte, als letzte Hürde vor dem endgültigen Aufstieg zur Spitze. Doch längst verlassen sich immer mehr Firmen und Unternehmen, besonders aber Banken, Versicherungen und der öffentliche Dienst schon bei der Auswahl ihrer Auszubildenden und Erstbewerber auf diese Form des Personalauswahlverfahrens als die härteste, die objektivste und die effektivste: das Assessment-Center – kurz AC.

Assessment-Center – Was steckt dahinter?

Hier stehen Sie im Mittelpunkt

Am treffendsten sagt es bereits der Name: „To assess" – das bedeutet „einschätzen", „beurteilen". Und „center" ist der Mittelpunkt. Das Ganze bezieht sich auf Sie, den Bewerber und potenziellen zukünftigen Mitarbeiter, der für einige Stunden oder gar Tage im Mittelpunkt verschiedener Tests und Prüfungen steht, die seine „Eignung" für die zu besetzende Stelle ans Licht bringen sollen. Dabei setzt sich das Anforderungsprofil dieser „Eignung" im Wesentlichen aus drei Komponenten zusammen:

- Ihrer Persönlichkeit
- Ihrer Leistungsmotivation
- Ihrer Kompetenz.

Man wird also versuchen, folgende Fragen zu beantworten:

- Was für ein Mensch sind Sie? Passen Sie ins Unternehmen?
- Wie viel Einsatz und Motivation können und wollen Sie für Ihren potenziellen zukünftigen Arbeitgeber aufbringen?
- Wie verlief die bisherige schulische Ausbildung?

Im Wesentlichen haben Sie dabei mit folgenden vier Formen der Aufgabenstellung zu rechnen:

- Gruppendiskussion
- Rollenspiel
- Präsentation
- Persönlichkeitstests

Zu einem Assessment-Center werden in der Regel sechs bis zwölf Bewerber eingeladen, die über einen Zeitraum von mehreren Stunden bis hin zu zwei oder drei Tagen (bei Stellen für Auszubildende die absolute Ausnahme) von drei bis sechs Beobachtern durch die verschiedenen Formen der Persönlichkeits- und Fähigkeitsprüfung begleitet werden.

Assessment-Center – Die Bestandteile

Die Einladung zum AC erhalten nur die interessantesten Bewerber

Im Folgenden werden Sie eine Beschreibung der einzelnen AC-Bestandteile sowie eine Reihe von Tipps und Tricks zur Bewältigung und Vorbereitung finden. Dabei eines gleich im Voraus: Dass Sie es überhaupt bis ins AC geschafft haben, zeigt schon, dass Sie zu den Interessantesten unter den vielen Bewerbern zählen. Und egal, in welcher der folgenden Situationen Sie sich wiederfinden und wer Ihnen gegenübersitzt, eines sollten Sie immer im Kopf behalten: Auch das sind „nur" Menschen.

Die Gruppendiskussion

Wer kennt das nicht: Familienstreitigkeiten über das nächste Ferienziel; diskutierende Freunde, die wieder einmal nicht in der Lage sind, sich zu einigen, in welcher Disco der Abend den interessantesten Verlauf nehmen könnte; Klassen, in denen hitzige Debatten über die nächste gemeinsame Lektüre geführt werden? Eines haben all diese Situationen gemeinsam: Die Meinungen gehen anfangs diametral auseinander, aber ein Ergebnis muss doch gefunden werden. Und jeder hängt mit geradezu störrischem Trotz an seiner Position. Erinnern Sie sich an eine dieser Situationen, und Sie wissen, was Ihnen der AC-Bestandteil „Gruppendiskussion" bringen wird. Drei Formen werden unterschieden:

- Diskussion eines Themas aus dem gesellschaftlich-politischen Bereich (vorgegeben oder wählbar)
- Diskussion eines Themas mit vorgegebener Rollenverteilung (die Teilnehmer erhalten Instruktionen, welche Position/Meinung sie zu vertreten haben)

- Unternehmensplanspiel – die Diskussion fiktiver betriebswirtschaftlicher Bedingungen, anhand derer ein Handlungsplan (zur Verbesserung der Produktion, des Betriebsklimas o. Ä.) erarbeitet werden soll.

Die Dauer einer solchen Gruppendiskussion variiert stark. Möglich sind 15 Minuten, aber auch eine volle Stunde. Sollte die Zeit nicht ausreichen, um zu einem Ergebnis zu kommen, geraten Sie nicht in Panik: Auch Ihr Verhalten in Stress-Situationen ist Teil der Prüfung.

Augen auf – Was wird beobachtet?

Die Bewertungskriterien

Hier eine Liste der wichtigsten Kriterien, nach denen Sie in einer Gruppendiskussion beurteilt werden:

- Auf einen Blick:
  Ihr Erscheinungsbild (Kleidung etc.); Ihr Auftreten; Ihre Umgangsformen
- Ich und die Anderen – Interaktion innerhalb der Gruppe:
  Kontaktsuche; Kooperationsfähigkeit; Einfühlungsvermögen; Selbstbeherrschung
- Gewusst wie – Denkprozesse:
  Informationsaufnahme und -verarbeitung; Beurteilungsfähigkeit; Kreativität bei der Entwicklung von Alternativen; Entscheidungsfreudigkeit
- Vorwärts und Marsch:
  Anstreben einer Führungsposition innerhalb der Gruppe; Koordination von Lösungsprozessen; Selbstsicherheit; Durchsetzungsvermögen
- Mund auf – aber mit System:
  Formulierungs-/Ausdrucksfähigkeit; Unmissverständlichkeit; Mimik & Gestik

Wie Sie eine Gruppendiskussion strukturieren

- **Orientierung / Problemerfassung: Um was geht es eigentlich?**
- **Zielsetzung: Wohin wollen wir?**
- **Suchen und Sammeln von Lösungen: Wie kann man das Ziel erreichen?**
- **Abwägen möglicher Lösungen gegeneinander und Einigung auf ein Modell: Was ist der beste Weg?**
- **Ergebnisprüfung: Sind wir da, wo wir hinwollten?**

Absolut tabu	Absolut gefragt
Nervosität, Unsicherheit	Unverkrampftheit, Natürlichkeit
mangelnder Ernst	ruhige Selbstsicherheit
eigene Meinung absolut setzen	Kompromissbereitschaft
Einzelkämpfertum	Vermittlerrolle, Meinungen zusammenführen
Aggressivität, Starrsinn	Toleranz, aber: nur bedingte Nachgiebigkeit
Notorisches Neinsagen – chronische Zustimmung	auf Mängel hinweisen, aber auch eigene zugeben
Anderen ins Wort fallen	zuhören können
Ironie, Sarkasmus, Witze auf Kosten anderer	andere ernst nehmen;
Monologisieren, Selbstinszenierung	knappe, präzise Beiträge zur Sache
„Ähhh" – Füllwörter	knappe, treffende Formulierungen, klare Aussprache

Worauf es ankommt

Tipps und Tricks zur Vorbereitung

Die wesentliche Herausforderung an Sie besteht darin, sich in einer Gruppe von Rivalen eine allseits anerkannte Führungs- bzw. Mittlerposition zu verschaffen und die Gruppe auf ein gemeinsames Ziel zu lenken, in dem möglichst viel Ihrer eigenen Lösungsvorstellungen verwirklicht sind. Um dorthin zu gelangen gilt: Ellbogen einziehen und den anderen lieber die Hand reichen! Haben Ihre Diskussionspartner die erst einmal angenommen, können Sie sie auch möglichst galant und unbemerkt in die gewünschte Richtung führen. Wie viel an Führungspotenzial Sie dabei zeigen sollten und wo Sie lieber den zurückhaltenden Vermittler spielen, hängt natürlich ganz von den Anforderungen ab, die Ihre zukünftige Stellung Ihnen bringen wird.

Das Rollenspiel

Stichwort: Schauspieler gesucht! Beim AC-Bestandteil Rollenspiel handelt es sich in der Regel um ein Gespräch zwischen AC-Bewerber und AC-Beobachter, die jeweils in vorgegebene, näher erläuterte Rollen schlüpfen. Häufig handelt es sich um die Simulation betrieblicher Interaktionen, beispielsweise um ein Krisengespräch zwischen Vorgesetztem und Mitarbeiter über nachlassende Leistungen, Unpünktlichkeit oder unsoziales Verhalten. Denkbar sind auch Verkaufs- und Motivationsgespräche, meistens zu völlig absurden Themen wie der Aufgabe, dem Besitzer einer eingeschossigen Lagerhalle einen Aufzug verkaufen zu müssen.

Für ein solches Rollenspiel stehen Ihnen zwischen zehn und 30 Minuten zur Verfügung, zuvor können Sie sich in einer Vorbereitungszeit von fünf bis 15 Minuten näher mit der Situations- und Rollenbeschreibung vertraut machen. Und seien Sie gewarnt: Beim AC-Rollenspiel werden Sie sich unter Garantie in einer äußerst angespannten und emotionsgeladenen Situation wiederfinden. Und Ihr „Schauspielpartner" wird nichts unversucht lassen, Ihnen ein sicheres, ausgeglichenes Auftreten so schwer wie möglich zu machen. Rechnen Sie also mit Aggression, verbalen Angriffen oder auch der tränenreichen Mitleidstour.

Augen auf – Was wird beobachtet?

▸ *Siehe Seite 126*

Ein Rollenspiel ist im Grunde genommen eine Gruppendiskussion mit minimaler Teilnehmerzahl. Die Beurteilungskriterien gleichen daher weitgehend den Maßstäben, die bei einer Gruppendiskussion angelegt werden. Die dabei für Ihre Beobachter zentrale Frage lässt sich zusammenfassend so formulieren: Gelingt es Ihnen, durch geschickte Gesprächsführung und einfühlsamen Umgang mit dem Mitarbeiter, die Hintergründe des Problems aufzudecken und mit Ihrem Gegenüber gemeinsame Lösungswege zu finden, die dieser nicht als von oben diktiert empfinden muss, sondern als eigenes Ziel annehmen kann?

Tipps und Tricks zur Vorbereitung

Der Verlauf eines AC-Rollenspiels sollte sich idealerweise an folgenden Schritten orientieren:

Checkliste Vorbereitung

- ☑ Nutzen Sie Ihre Vorbereitungszeit! Machen Sie sich mit der Situations- und Personenbeschreibung gründlich vertraut, merken Sie sich Einzelheiten!
- ☑ Legen Sie sich eine Gesprächsstrategie zurecht; setzen Sie ein klares Ziel: Was wollen Sie erreichen?

- Sorgen Sie beim Zusammentreffen für eine entspannte Atmosphäre.
- Legen Sie sachlich, knapp und neutral die Kritikpunkte dar – trennen Sie dabei die Kritik an der Sache von der Person Ihres Mitarbeiters.
- Bitten Sie den Mitarbeiter um eine Darstellung des Sachverhalts aus seiner Sicht und um mögliche Lösungsvorschläge.
- Hören Sie gut zu, halten Sie sich mit persönlichen Stellungnahmen zurück, auch wenn man Sie dazu provoziert (z. B. durch verbale Angriffe oder Schilderung familiärer Missstände).
- Entwickeln Sie, ausgehend von den Ideen Ihres Mitarbeiters, Bewältigungsstrategien.
- Fassen Sie den erarbeiteten Lösungsvorschlag zusammen. Machen Sie klar, dass es sich um ein gemeinsam erarbeitetes Ergebnis handelt, an dessen Verwirklichung beiden Seiten gelegen sein muss („... Wir stimmen also darin überein, dass ...“).
- Sorgen Sie für einen positiven Ausklang des Gesprächs.

Und zum Abschluss sollten Sie Folgendes nicht vergessen:

Beweisen Sie Ihre Soziale Kompetenz

- Das Zauberwort heißt Soziale Kompetenz, übertriebene Härte wird Ihnen höchstens negativ angerechnet.
- Auf keinen Fall darf das Gespräch auf eine emotionale Ebene abgleiten.
- Und ganz wichtig: Stehen Sie zu Ihrer Vorgehensweise und dem von Ihnen erreichten Ergebnis. Auch wenn in einem kurzen, abschließenden Gespräch mit der Prüfungskommission vielleicht Kritik aufkommt.

Die Präsentation

Auch das ein typischer AC-Bestandteil: Die Präsentation. Hinter diesem Schlagwort verbirgt sich ein Kurzvortrag zu einem vorgegebenen Thema vor Publikum (meistens vor Ihren AC-Beobachtern, seltener auch vor den Mitbewerbern). Das Thema erhalten Sie entweder als Fallstudie mit ausführlicher Hintergrundinformation oder als einfaches Stichwort wie z. B. „Todesstrafe – ja oder nein?“.
Ihre Aufgabe besteht darin, aus den gegebenen Informationen und Ihrem Allgemeinwissen zum Thema innerhalb eines vorgegebenen Zeitrahmens einen sprachlich und strukturell gelungenen Vortrag zu basteln.

Augen auf – Was wird beobachtet?

Auch hier kommen grundsätzlich die auf Seite 126 aufgeführten Punkte ins Spiel. Dabei tritt nun aber die Komponente der sozialen Interaktion weit in den

Hintergrund und wichtig werden vor allem rednerisches Können, sprachliche Ausdrucksfähigkeit und selbstbewusstes Auftreten.

Tipps und Tricks zur Vorbereitung

Nutzen Sie Ihre Vorbereitungszeit, um einen roten Faden zu finden (Stoffsammlung!) und eine grobe Gliederung zu entwerfen. Diese sollte enthalten:

1. Einleitung

Hier lautet die Devise: Auffallen! Die ersten Sätze entscheiden, ob Ihr Publikum sich interessiert fürs Zuhören entschließt oder die Kopfkissen gezückt werden. Suchen Sie für Ihre Einleitung nach Zündstoff, nach witzigen Anekdoten, Zitaten und Bezügen zum aktuellen Tagesgeschehen. Provozieren Sie!

2. Hauptteil

Da heißt es, nüchtern werden und strukturiert. Der Aufbau hängt dabei ganz von der Themenstellung ab. Für eine Themenstellung nach dem Schema „Todesstrafe - ja oder nein?“ etwa bietet sich die konventionelle Pro-Kontra-Gliederung an. Das heißt:

- These (Argumente dafür)
- Antithese (Argumente dagegen)
- Synthese (Entscheidung, ggf. Kompromiss).

Wenn Sie es dagegen mit einer Fallstudie zu tun haben, stellen Sie sich folgende Fragen:

- Worin besteht das Problem?
- Welche Lösungen gibt es? Welche sind evtl. mit welchem Ergebnis bereits getestet?
- Welchen Lösungsweg halten Sie für den besten? Warum?

In jedem Fall gilt für den Hauptteil: Argumentieren! Und das heißt, von abstrakt formulierten Thesen und Argumenten zu konkreten Belegen und Beispielen zu kommen. Sparen Sie nicht an Anschaulichkeit!

3. Schluss

Verabschieden Sie sich mit einem Trommelwirbel! Hier dürfen Sie noch einmal alle publikumswirksamen Register ziehen, die Ihnen so einfallen: Seien Sie charmant, witzig, provokant und humorvoll. Nur: Fassen Sie sich kurz.

Soweit zur Vorbereitung. Was den Vortrag angeht, so sollten Sie folgende Punkte nicht vergessen:

Checkliste Vortrag

- ☑ Humor - Provokationen - Witze - Anekdoten
- ☑ anschauliche Sprache - Visualisieren - Bilder und Metaphern
- ☑ didaktische Hilfsmittel (Tafelbilder, Overhead, Flipchart)
- ☑ unterstreichende Gestik - deutliche Aussprache
- ☑ Miteinbeziehen des Publikums - Augenkontakt - direktes Ansprechen
- ☑ rhetorische Mittel: inszenierte Pausen - gewollte Wiederholungen - rhetorische Fragen etc.

Und ganz wichtig: Niemals einfach ablesen! Frei sprechen und formulieren! Nur so können Sie als Persönlichkeit wirken und überzeugen.

Persönlichkeitstests

Fragenkataloge ausfüllen

Persönlichkeitstest fallen in den Bereich der so genannten Paper-and-pencil-Tests. In dieser Kategorie muss der Bewerber lange Fragenkataloge durcharbeiten und beantworten - manchmal in ausformulierten Sätzen, häufiger jedoch mit einfachen Kreuzchen im Multiple-Choice-Verfahren.
Persönlichkeitstests sollen den AC-Veranstaltern einen maximalen Einblick in die Psyche ihrer Bewerber, in deren Aktions- und Reaktionsmuster ermöglichen. Hinter all dem steht natürlich wieder die Frage: Was für ein Mensch sind Sie? Und was für ein Mitarbeiter wären Sie? Würden Sie in das Team, zu dem Unternehmen passen? Dass die hierfür herangezogenen Testverfahren im Hinblick auf ihre Aussagekraft mehr als fragwürdig bleiben, ändert leider nichts an ihrer Beliebtheit.

Augen auf - Was wird bewertet?

Nach vier Komponenten wird Ihre Persönlichkeit auseinandergenommen und bewertet:

- Leistungsbereitschaft
- Kontaktfähigkeit
- Emotionale Stabilität
- Geschlechtsidentität (leider deutlich an männliche Rollenklischees als Optimum angelehnt)

Natürlich gibt es verschiedene Arten von Persönlichkeitstests. Wir wollen im Folgenden die Häufigsten kurz vorstellen:

1. 16 PF – Und fertig ist der Mensch

In 16 Paare gegensätzlicher Persönlichkeitsmerkmale wird hier die Psyche des Menschen zergliedert. Da steht beispielsweise Ausgeglichenheit versus Angespanntheit, Gruppenorientiertheit versus Eigenständigkeit, und der Prüfling wird mittels Fragen in das so entworfene Muster eingeordnet. Hier ein Beispiel, wie die Fragen des 16-PF-Tests aussehen können:

„Ich fände es interessanter in einer Fabrik verantwortlich zu sein für:

a) die Einstellung neuer Mitarbeiter
b) weiß nicht
c) Maschinen oder die Buchhaltung“

Die geprüften Persönlichkeitsmerkmale sind bei diesem Beispiel Kontaktinteresse versus Sachinteresse.

2. Satzergänzungstest

Bei dieser Art Persönlichkeitstest wird der Bewerber aufgefordert, begonnene Sätze auf beliebige Art zu Ende zu führen. Häufig geschieht das unter dem Vorwand, Ihre Kreativität prüfen zu wollen. Lassen Sie sich nicht täuschen! Es geht darum, aus Ihren Beispielsätzen Rückschlüsse auf Ihre Wünsche, Ängste und Motivationen ziehen zu können. So handelt es sich bei den Satzanfängen auch fast immer um Gefühlsäußerungen, die bestimmte Assoziationen wach rufen sollen: „Ich wünsche mir ...“; „Ich habe Angst davor, dass ...“

3. Biografische Fragebögen

Ihr familiärer und sozialer Hintergrund auf dem Prüfstand

Unter dem Titel „Personalfragebogen“ nimmt sich dieser Persönlichkeitstest aus wie ein sicheres Versprechen, bestanden zu haben. Aber wiederum ist Vorsicht angesagt. Hier sollen vor allem Fragen zum familiären und sozialen Hintergrund Ihrer Person geklärt werden. Ihre Kindheit und Jugend werden möglicherweise näher unter die Lupe genommen – z. B. einschneidende Erlebnisse –, und man interessiert sich für Ihre Freizeitgestaltung und Familienplanung.

4. Der MMPI

Achtung! Finger weg, falls möglich! Der MMPI ist ein Persönlichkeitstest, der sowohl durch seinen Umfang (200 bis 560 Fragen, die nach dem Schema „stimmt“/„stimmt nicht“ zu beantworten sind) als auch durch seine Unverschämtheit auffällt. Hier stehen Sie als Bewerber schon mal vor Aussagen wie „Manchmal bin ich von bösen Geistern besessen“ oder „Als Kind habe ich bisweilen andere ganz gerne gequält". Natürlich befinden Sie sich mit dem Wunsch, im Assessment-Center möglichst gut abzuschneiden, in keiner guten Position, um diesen Test einfach verweigern zu können. Vielleicht sollten Sie sich aber beim Anblick eines MMPI doch überlegen, ob Sie es sich wirklich gefallen lassen müssen, Ihre Psyche auf „Defekte" wie Depression, Hysterie, Hypochondrie, Paranoia, soziale Introversion oder Abweichungen vom Geschlechtsverhalten untersuchen und auseinanderlegen zu lassen.

Tipps und Tricks zur Vorbereitung

Das Wichtigste wie immer zuerst: So beängstigend der Begriff „Persönlichkeitstest" auch klingen mag – Sie müssen sich von Ihren potenziellen Arbeitgebern hier keineswegs „bis aufs Hemd" ausziehen lassen. Auch das Ausfüllen von Persönlichkeitstests ist manipulier- und erlernbar.
Dafür sollten Sie vor einem Test folgende Fragen für sich geklärt haben:

Checkliste

- ☑ Was für ein Mensch bin ich? (Auch im Hinblick auf die oben genannten vier Komponenten)
- ☑ Wie sieht das Anforderungsprofil für den idealen Bewerber aus? (Machen Sie sich hierfür klar, wie Unternehmenspolitik und Führungsstil der AC-Veranstalter aussehen)

Wenn der Bogen bereits vor Ihnen liegt, gilt es, Ihre Antworten auf dieses Anforderungsprofil abzustimmen. Sie sollten beachten:

- Welche Fragen gehören zu welchem der vier Bereiche von Persönlichkeitsmerkmalen?
- Welche Antwort deutet auf welche Eigenschaft hin?
- Fassen Sie die Fragen in Gruppen zusammen und versuchen Sie, Ihre Antworten auf das gewünschte Persönlichkeitsprofil abzustimmen. Hierfür ein Beispiel: Es gibt fünf Fragen in der Kategorie Gruppenabhängigkeit versus Eigenständigkeit. Sie sollten nun versuchen, Ihre Antworten – je nach den von Ihnen angenommenen Idealvorstellungen der Firma – so zu verteilen, dass Sie sich weder als steter konformer Ja-Sager noch als ewiger störrischer Eigenbrötler präsentieren.
- Nicht zu oft auf „teils/teils" oder „weiß nicht"-Antworten ausweichen.
- Vorsicht auch bei allen „manchmal-bisschen-vielleicht"-Fragen, die sich auf kleine menschliche Schwächen beziehen. Hier geht es um Ihre Glaubwürdigkeit. „Ein bisschen angeben", „ab und zu einen faulen Couch-Tag einlegen" – so etwas macht jeder mal. Also seien Sie ehrlich!

Unser Tipp:

Persönlichkeitstests sind erlern- und manipulierbar. Trotzdem: Ihre Persönlichkeit ist es nicht. Doch genau diese Persönlichkeit mit all Ihren Macken wird sich später im neuen Arbeitsumfeld behaupten müssen. Also machen Sie im Test keinen anderen Menschen aus sich. Aber ein bisschen Theaterschminke über den einen oder anderen Leberfleck – das tut niemandem weh.

Ob es damit langsam mal reicht? Na ja, sagen wir fast. Die wichtigsten Bestandteile eines Assessment-Center kennen Sie jetzt. Der Vollständigkeit halber seien hier aber noch einige Sätze darüber verloren, was Sie eventuell noch erwarten kann.

Das (Stress-)Interview

Ruhe bewahren, so lautet die Devise

In diesem Frage- und Antwort-Spiel wird ganz konkret ein bestimmter Aspekt Ihrer Persönlichkeit näher beleuchtet, der für die zu besetzende Stelle besonders wichtig ist. In der unangenehmen Stress-Variante versucht man dabei, Sie durch negativ gefärbte Anspielungen auf schlechtes Abschneiden in anderen Übungen oder auf mögliche Schwächen Ihrer Persönlichkeit unter Druck zu setzen. Oberstes Gebot: Nur nicht die Nerven verlieren!

Der Postkorb

In dieser Übung geht es um schnelle Entscheidungen und effektive Delegation. Sie müssen sich mittels diverser Regieanweisungen in eine Situation hineindenken, in der Sie aus bestimmten Gründen unter enormem Zeitdruck stehen, zugleich aber eine Unmenge an Anforderungen aus dem privaten und beruflichen Bereich auf Sie einstürzen. Ihre Aufgabe ist es nun, durch geschickte Zeiteinteilung und die effektive Verteilung von konkret formulierten Aufgaben an Dritte einen realisierbaren Handlungsplan zu entwerfen, in dem alle Probleme ihrer Dringlichkeit nach berücksichtigt sind.

Das Abschlussgespräch

Um ein AC nicht einfach ins Leere laufen zu lassen, werden die Bewerber am Ende einzeln oder in Gruppen zu einem abschließenden Gespräch gebeten.

Rechnen Sie mit folgenden Themen:

- Bewertung des AC von Ihrer Seite, Änderungsvorschläge
- Persönliches Erleben des AC: Sind Sie zufrieden mit Ihrer Leistung?
- Nochmaliges Einschätzen der persönlichen „Eignung" für die zu besetzende Stelle
- Bewertung der Mitbewerber

Essen und Smalltalk

Sie sind immer auf dem Prüfstand

Wer glaubt, die kleinen Pausen zwischendurch oder das Essen am Abend seien zur Entspannung da, der irrt. Es gilt mehr denn je, auf der Hut zu sein, denn hier versucht man, Ihr „ungeschminktes" Selbst zu ergründen: Ihr Auftreten in der Öffentlichkeit, Ihre Tischmanieren, Ihre Gesprächsthemen ...
Unverfänglichkeit ist und bleibt für die Dauer eines AC ein Fremdwort. Wann immer ein AC-Beobachter in Sicht- und Hörweite ist, befinden Sie sich auf dem Prüfstand! Verhalten Sie sich entsprechend, erst zu Hause dürfen Sie wieder getrost in Jogginganzug und Pantoffeln schlüpfen!

Ein letzter Blick

Der Begriff des AC gehört nun für Sie hoffentlich nicht mehr in die Kategorie „Aktenzeichen XY... ungelöst"! Letztlich ist es nichts weiter als die Kombination verschiedener herkömmlicher Personalauswahlverfahren innerhalb eines sehr begrenzten Zeitrahmens. Aber ist es, wie vielfach gepriesen, tatsächlich objektiver und effektiver? Wohl kaum! Was hier als wissenschaftlich fundierter Eignungstest Furore macht ist im Grunde genommen Geschäftemacherei mit dem Wunsch und der Utopie, in wenigen Stunden den beruflichen und persönlichen Werdegang eines Menschen vorauszusagen.

Unser Tipp:

Hüten Sie sich davor, Ihr Abschneiden bei einem AC als unumstößliches Verdikt über Ihre beruflichen Qualifikationen zu betrachten. Wie sie sich in einem AC halten, sagt wohl vor allem etwas über Ihre schauspielerischen Fähigkeiten. Und über den Durchmesser Ihrer Nervenstränge.

Im Ziel –

Der Countdown läuft

Halleluja, es ist vollbracht. Noch nicht ganz, versteht sich. Aber vorerst haben Sie alles Menschenmögliche getan, um wie ein junger Gott zu reden, schreiben, rechnen und sich zu präsentieren. Wie? Wir sollen es nicht gleich übertreiben? Okay, wie wäre es dann mit Folgendem:
Sie haben sich ausführlich mit Ihren Schwächen und Stärken auseinandergesetzt, haben Tipps zur Stressbewältigung erhalten und sich in harter Knochenarbeit durch einen ausführlichen Fragen- und Übungskatalog gekämpft. Und egal, bei welcher Firma, welcher Bank oder Versicherung Ihre sogenannte „Eignung" demnächst unter die Lupe genommen werden soll – Ihnen werden die meisten Fragen und Aufgaben vorkommen wie alte Bekannte. So besser?

Ihre persönliche Trainingsbilanz

Resümieren Sie die Vorbereitung

Bevor Sie sich jetzt zurücklehnen und Ihr Training für beendet erklären, haben wir noch eine letzte Aufgabe für Sie, genauer gesagt sogar ein paar. Es gilt nämlich Bilanz zu ziehen und sich über Verlauf und Erfolg Ihres Trainings klar zu werden.

Wie lief Ihre Vorbereitung?

Zurück zum Anfang. Nein, natürlich sollen Sie nicht das ganze Programm noch einmal durcharbeiten. Doch Sie sollten versuchen, sich Stück für Stück noch einmal an Ihre Vorbereitungsphase zu erinnern, die einzelnen Schritte im Geiste durchzugehen und dabei nachzuspüren, wie Sie sich gefühlt haben, wie schwer oder leicht Ihnen die Vorbereitung gefallen ist, welche Gedanken Sie zu den einzelnen Testbereichen hatten. Überlegen Sie dabei auch, ob irgendwo unerwartete Stärken oder Schwächen aufgetaucht sind. Hatten Sie sich in einem

Bereich vielleicht völlig verschätzt und sind dann mehr oder weniger angenehm überrascht worden? Falls ja, haben Sie eine Antwort auf die Frage, woher Ihre Fehleinschätzungen kamen? Und hat sich auch Ihre Einstellung zu fraglichem Bereich geändert? Vielleicht dachten Sie ja immer, Mathematik sei nur etwas für bebrillte, emotionslose Langweiler und haben jetzt herausgefunden, dass Sie sowohl Talent dazu besitzen als auch Spaß daran finden?

Wo stehen Sie jetzt?

Ihr jetziger Stand

Als nächstes fragen Sie sich, wie Sie sich im Moment fühlen, ob es einen Übungsbereich gibt, an den Sie mit ganz besonders viel Schrecken denken, der Ihnen deutlich mehr Kopfzerbrechen bereitet als die anderen. Falls dem so ist, machen Sie sich Gedanken darüber, ob Sie glauben, dass hier noch Schwächen vorhanden sind, die durch weiteres Üben ausgebügelt werden könnten. Oder ist es einfach der Bereich, der Ihnen von Natur aus am wenigsten liegt, an dem Sie aber schon bis zur Erschöpfung herumgefeilt und ausgebessert haben? Und steht es denn tatsächlich so schlecht, oder spielt Ihnen hier nur ein übertriebener Perfektionismus einen Streich?

Wie steht es mit Ihrer Sozialen Kompetenz?

Durchdenken Sie auch Ihre Überlegungen zum Thema „Soft skills“ und „Emotionale Intelligenz“ noch einmal. Versuchen Sie, sich Situationen vorzustellen, in denen Sie Ihre Soziale Kompetenz zur Schau stellen können - im Gespräch mit anderen Bewerbern, den Prüfern, durch selbstsicheres Auftreten oder einen einfachen Händedruck.

Wie sieht Ihr Verhältnis zum Stress jetzt aus?

Nicht zuletzt sollten Sie dem Kapitel zur Stressbewältigung einige abschließende Blicke schenken. Dazu erst einmal die Fragen: Haben Sie es überhaupt gelesen? Und sich an die Anweisungen und Anregungen gehalten? Hat es Ihnen weitergeholfen? Und welches Gefühl beschleicht Sie jetzt, wenn Sie an die bevorstehende Prüfung denken? Schauen Sie auf ihren individuellen Maßnahmenkatalog: Haben Sie Ihre Vorhaben verwirklicht? Und was sieht Ihre Zeitplanung für diese letzte Phase vor dem Prüfungstermin vor?

Anschließend erstellen Sie bitte noch einmal Ihr individuelles Soll-Haben-Konto und vergleichen Sie es mit der ersten Version. Der Blick auf die Unterschiede wird Sie beruhigen.

Legen Sie, wenn Sie sich damit besser fühlen, noch ein oder zwei Übungseinheiten ein.

Der Schlussstrich

Jetzt ist es aber an der Zeit, die Vorbereitungsphase zu beenden. Legen Sie Testtrainer, Prüfungsbögen und Übungshefte in die dunkelste Zimmerecke oder eine verschließbare Schublade Ihres Schreibtisches und würdigen Sie sie keines Blickes mehr. Denn damit kommt unsere letzte Aufgabe an Sie:

Lassen Sie es sich jetzt richtig gut gehen

Betrachten Sie sich jetzt als fit und vorbereitet. Quälen Sie sich keinesfalls bis zur letzten Minute mit Aufgaben und Übungen. Lassen Sie es sich am Abend vor dem großen Auftritt noch einmal so richtig gut gehen, lassen Sie sich verwöhnen oder verwöhnen Sie sich selbst. Ein gutes Essen, eine Badewanne voll heißen Wassers und Schaumbergen, eine Hollywood-Schnulze im Fernsehen? Heute sollte es einfach Luxus sein. Würzen können Sie dieses Verwöhnprogramm noch mit einigen der Entspannungs- und Lockerungsübungen, die Sie in der letzten Zeit kennen gelernt und angewandt haben. Weshalb nicht ein Body-scan in der Badewanne? Oder eine letzte Runde mentalen Trainings? Machen Sie sich auch noch einmal kurz Gedanken über Maßnahmen, die Ihnen

Tipp:

Wenn sich positive, zuversichtliche Gefühle in dieser Phase nicht so recht einstellen wollen, helfen Sie etwas nach. Rufen Sie sich Situationen aus Ihrem Training ins Gedächtnis zurück, in denen Sie deutlich gemerkt haben: Aber hallo, das geht heute ja schon viel besser als gestern. Oder erproben Sie Ihr neu erworbenes Wissen an anderen. Doch Vorsicht: Sie sollten sich hierfür jemanden aussuchen, der genug Humor besitzt, um mit einem Lachen bei sämtlichen Tests und Fragen zur Allgemeinbildung oder den Scherz- und Knobelaufgaben kläglich zu versagen. Ihnen sollte jedenfalls auf diese Weise klar werden, auf welchem Wissensstand Sie sich selbst vor einigen Tagen oder Wochen noch befunden haben – und welche großen Fortschritte Sie gemacht haben.

am nächsten Tag direkt vor der Prüfung die Angst nehmen könnten: kurze Atemübungen zum Beispiel, positive Selbstinstruktion und die geballte Faust in der Tasche. Hören Sie auf Ihre innere Stimme. Die hat in den letzten Wochen gelernt zu sagen: „Ich kann's". Jetzt dürfen Sie ihr nur im entscheidenden Moment nicht das Ohr verweigern. Auch Ihren Badezimmerspiegel mit seinen diversen Zetteln und seinen Anleitungen zum Optimismus dürfen Sie am Morgen ruhig noch einmal konsultieren. Und warum begrüßen Sie sich an diesem Tag nicht mit einem besonders leckeren Frühstück, einem frisch gepressten Orangensaft oder einem Strauß Blumen? Kurz und gut: Sie wollten Ihr eigener bester Freund/Ihre beste Freundin sein, erinnern Sie sich? Na dann los.

Hören Sie auf sich: „Ich kann's"

Und vor allem: Sehen Sie ein, dass Sie alles Menschenmögliche getan haben.

Jetzt ist eine höhere Macht am Zug.

In diesem Sinne: Glück auf!

Lösungen

Lösungen – Kenntnistests

Sprache

Rechtschreibung/Zeichensetzung

Der erste Marathonlauf der Frauen bei Olympischen Spielen

▶ *Lösung zu Seite 44 ff.*

Die Siegerin lief strahlend durch das Ziel. Leicht und locker wie viele andere auch. Zur Tragödie aber und gleichzeitig einem Bild des Grauens wurde der Lauf der Gaby Andersen-Schiess, die zuvor bereits einige große Marathonläufe gewonnen, hier aber die letzte Versorgungsstelle verpasst hatte und unter großem Wasserverlust nach einem Hitzschlag ins Stadion wankte. Ein Reporter berichtete darüber:

Sieg des Willens oder Grimasse des Sports?

„Nach 35 Kilometern kommt die Wand", sagen viele Marathonläufer. Diese Wand hätte Gaby Andersen-Schiess beinahe erschlagen. Diese Bilder werden nicht nur in die Geschichte des Marathons eingehen. In der Geschichte des Sports werden diese Bilder zukünftig hoffentlich Antwort auf die Frage geben: „Wie weit darf ein Mensch gehen, um sich seine Träume zu erfüllen?" Darf er bis zum Äußersten gehen? Sogar bis in den Tod?

Die Frau wankt aus dem Tunnel in die strahlend heiße Sonne. Die Frau läuft nicht, sie torkelt. Steif und stelzig setzt sie ein Bein vor das andere. Ihr Oberkörper ist zur Seite abgeknickt. Das Gesicht hat sie schräg nach oben gedreht. Die Bewegungen der Arme, der Beine, des Körpers sind zuckend, abgehackt, verzerrt. Unendliche, quälende fünf Minuten lang wankt die Frau um die Bahn. Jeder Schritt ist eine Tortur. Es scheint, als sei ihre linke Seite nahezu gelähmt. Auch das Gesicht zeigt auf dieser Seite keine Spannung mehr. Lippen und Wange hängen schlaff. Ist das die Grimasse des Sports? Das grinsende Spiegelbild einer Menschheit, die sich nur noch an Extremen ergötzen kann? Oder ist dies der Sieg des Willens, des Intellekts über die Schwäche des Fleisches? Erleben wir hier einen Triumph des Menschen oder seine zynische Karikatur? Ärzte laufen neben der Frau. Sie strecken ihre Arme aus, aber sie berühren die Frau nicht. Wenn sie gestützt, gehalten, geführt wird, ist das Rennen für sie beendet.

So ist das Reglement. Aber ist es wirklich noch ein Rennen? Warum erlöst keiner der Ärzte diese Frau? Wer gibt ihnen das Recht, die Qual des Menschen zum Schauspiel zu machen? Gaby Andersen-Schiess macht den letzten Schritt, über die Ziellinie. Die Ärzte fangen sie auf, legen ihr ein kaltes Tuch in den Nacken, betten sie auf die Trage, kühlen Kopf und Stirn. Die Frau auf der Trage verschwindet durch eine Tür aus der Arena. Die Menschen atmen auf, sie fühlen sich erlöst von der Schuld, zugeschaut und nichts getan zu haben. Der Spuk ist vorüber. Gaby Andersen-Schiess wird in das Medical-Center des Stadions gebracht. Diagnose: Ihr Körper ist völlig ausgetrocknet, Hitzestau.
Behandlung: Intravenöse Zuführung von Mineralien, Aufnahme von Flüssigkeit. Nach kurzer Zeit kommt sie zu sich. Eine Stunde bleibt sie liegen. Nach zwei Stunden ist sie wieder in ihrem Zimmer im olympischen Dorf. Ein unvorstellbarer, hysterischer Ansturm setzt ein. Zeitungen, Radiostationen, Fernsehsender. Die Welt will wissen, wer diese Frau ist. Und sehen, dass sie noch lebt. Am Abend, zwölf Stunden danach, erscheint sie auf dem Bildschirm des TV-Senders ABC. Sie lächelt. Triumph des Willens über die Schwäche des Fleisches!?

Begriffe

▸ *Lösung zu Seite 46 ff.*

1 a	2 b	3 c	4 a	5 b	6 b
7 c	8 d	9 d	10 a	11 c	12 d
13 b	14 b	15 a	16 b	17 d	18 b
19 c	20 c	21 b	22 c	23 c	24 c
25 b	26 a	27 a	28 d	29 a	30 a

Mathematik

Prozentrechnung

▸ *Lösung zu Seite 49 ff.*

1	5 %	$[x = 100 * (1 - (1 - \frac{3}{4}) - 4/5 - (1 - \frac{3}{4})]$
2	256,84 DM	$[x * (1 - 6 \frac{2}{5} / 100) * 107/100 = 256,50]$
3	27,12 DM	$[x = 904 * 3/100]$
4	420 kg	$[x * (1 - 14 \frac{2}{7} / 100) = 360]$
5	6850,13 DM	$[x * (1 - 33 \frac{1}{3} / 100) = 4566,75]$
6	12,- DM	$[x = 84 / 1 - 12 \frac{1}{2} / 100 - 84]$
7	20,- DM und 3,50 %	$[x * (1 + 1,85/100) = 20,37;$ $x = (1 - (20,37 + 0,33) / 20) * 100 \%]$
8	150 000,- DM	$[6500 = 1700 + 3,2/100 * x]$

9	2407,6 kg	[x = 2340 * (1 + $2\frac{8}{9}$ / 100)]
10	205 472,50 DM	[x * 8/100 = 16 437,80]
11	900,- DM	[x * (1 + $11\frac{1}{9}$ / 100) = 1000]
12	3320,- DM und 6,2 %	[x * (1 + 4/100) + 80 - x = 212,80; x = (1-3320/3320 * (1 + 4/100) + 80) * 100]
13	2250,- DM	[x = 900 000 * 2,5/1000]
14	2425,- DM	[x * (1 - 8/100) * (1 - 3/100) = 2164,07]
15	62,5 %	[x = (14 260 - 5347,5) / 14 260 * 100]

Einfache Gleichungen als Textaufgaben

▸ *Lösung zu Seite 51 f.*

1	180 km	[x = 60 * 3]
2	45 m	[x = 15 + 30]
3	17 Gläser	[x + 9 + x = 43]
4	24	[2x + 15 = 63]
5	29	[58 + x = 3x]
6	31, 32, 33	[x +x + 1 + x + 2 = 96]
7	4 cm bzw. 8 cm	[6x = 24]
8	2 Jahre	[50 + x = 2 * (10 +x + 12 + x)]
9	4,5 cm	[6 + 2x = 15]
10	20	[1000 - 20x = 600]
11	4,5 cm, 6,5 cm und 9,5 cm	[x + x + 2 + x + 5 = 20,5]
12	$9\frac{3}{5}$, d. h. es ist 9.36 Uhr	[x/4 + 24 - x/2 = x]
13	50	[1½ * (100 : 3)]
14	1 020 000 Liter	[x = 2,5 * 1000 * 2 * 60 * 3,4]
15	800 Flaschen	[x = 240 * ⅔ *5]

Gleichungssysteme

▸ *Lösung zu Seite 52 f.*

1	11 Hühner und 7 Kaninchen	[x + y = 18; 2x + 4y = 50]
2	12 Fünf- und 9 Zweimarkstücke	[x + y = 21; 5x + 2y = 78]
3	3 Söhne	[x = y - 1; ½ * y = x - 1]
4	24 cm	[x + y = 60; x = 2/3 * y]
5	6 g Silber	[x/y = 2/3; x + y = 15]
6	75 DM	[x/y = 3/5; x + y = 120]
7	18	[x - y = 5; x + y = 41]
8	35	[x = y - 10; x + y = 80]
9	10	[x + y = 17; 5x + 10y = 120]
10	21	[x + y = 49; x = 4/3 y]

Kaufmännisches Rechnen

1 51,600 kg	2 1,24 DM	3 3117,25 DM
4 45 000,00 DM	5 6,00 DM	6 748,80 und 442,40 DM
7 8,02 %	8 2,5 % und 64 000,00 DM	9 1840,00 DM und 11 500,00 DM
10 10,78 DM	11 32 000,00 DM	12 14 %
13 1,45	14 36 %	15 3,20 DM

▶ *Lösung zu Seite 53 ff.*

Zahlenreihen

1	31	[+1 +2 +3 +4 +5 +6 +7]	2	29	[+1 +1 +2 +2 +3 +3 +4 +4 +5]
3	11	[+1 -2 +3 -4 +5 -6 +7 -8 +9]	4	12	[/3 -3 *3 +3 /3 -3 *3]
5	27	[-3 /2 *3 -3 /2 *3]	6	21	[+7 -2 -0 +6 -3 -0 +5 -4 -0]
7	17	[+0 +7 -2 +0 +6 -3 +0 +5 -4]	8	17	[/2 +3 /2 +4 /2 +5 /2 +6]
9	2	[-2 -15 +4 -12 -6 -9 +8 -6]	10	49	[+3 +4 +4 +5 +5 +6 +6 +7]
11	38	[+1 +3 +5 +7 +9 +11]	12	80	[+7 +9 +11 +13 +15 +17]
13	64	[-1 *2 /3 -4 *5 /6 -7 *8]	14	13	[+4 +3 /2 +4 +3 /2 +4]
15	2	[+5/2+5/3+5/4+5/5]	16	12,5	[*3+1/2*3+1/2*3+1/2]

▶ *Lösung zu Seite 55*

Allgemeinbildung

Politik und Staatsbildung

1 a 2 c 3 b 4 b 5 g - c - e - d - a - f - b 6 c 7 c - g - e - b - a - d - h - f 8 abhängig vom Bundesland 9 c 10 a: Christlich-Demokratische Union; b: Freie Demokratische Partei; c: Sozialdemokratische Partei Deutschlands 11 b 12 a 13 b 14 Belgien, Dänemark, Deutschland, Finnland, Frankreich, Griechenland, Großbritannien, Irland, Italien, Luxemburg, Niederlande, Österreich, Portugal, Schweden, Spanien 15 b, d, e

▶ *Lösung zu Seite 56 f.*

Politik und Geschichte

1 b 2 a 3 Friedrich Ebert, Paul von Hindenburg

4 a	5 c	6 a	7 b	8 c	9 c
10 a	11 b	12 d	13 a	14 c	15 b
16 a	17 b	18 b	19 a	20 b	21 c
22 a	23 d	24 a	25 b		

▶ *Lösung zu Seite 58 ff.*

Wirtschaft

▶ *Lösung zu Seite 60 ff.*

1 d 2 a 3 d 4 a 5 b 6 c
7 a 8 b 9 c 10 d 11 a 12 b
13 c 14 b 15 a: persönlich oder durch Boten, Wertbrief, Postanweisung; b: Zahlschein, Nachnahme, Barscheck; c: Überweisung, Dauerauftrag, Lastschrift, Verrechnungsscheck, Scheckkarte, Kreditkarte (Visa, Eurocard usw.), Kundenkarte (Karstadt usw.), Telefon-Banking; E-Commerce
16 b 17 a 18 c 19 b 20 b 21 c
22 c, f 23 d 24 b 25 c 26 b 27 d
28 b

Geografie allgemein

▶ *Lösung zu Seite 65 ff.*

1 b 2 b 3 a 4 d 5 c 6 a
7 d 8 d 9 a 10 b 11 d 12 a
13 a 14 c 15 c 16 d 17 a 18 b
19 b 20 c

Geografie – Berühmte Straßen, Plätze, Bauwerke

▶ *Lösung zu Seite 67 ff.*

1 a 2 d 3 b 4 c 5 a 6 d
7 b 8 b 9 c 10 c 11 a 12 b
13 a 14 c 15 a 16 b 17 a 18 a
19 b 20 a 21 a 22 b 23 a 24 b
25 c 26 a 27 d 28 b 29 c 30 b

Naturwissenschaften

▶ *Lösung zu Seite 70 ff.*

1 b 2 c 3 d 4 c 5 b 6 a
7 b 8 c 9 c 10 d 11 b 12 c
13 d 14 b 15 a 16 a 17 c 18 d

Literatur

▶ *Lösung zu Seite 72 ff.*

1 a 2 c 3 b 4 d 5 b 6 c
7 b 8 d 9 d 10 c 11 c 12 d
13 b 14 a 15 b 16 d 17 d 18 c
19 c 20 b

Malerei und bildende Künste

1 b	2 a	3 b	4 c	5 d	6 a	▶ *Lösung zu*
7 d	8 b	9 c	10 c			*Seite 75 f.*

Musik

1 d	2 d	3 b	4 a	5 c	6 d	▶ *Lösung zu*
7 b	8 c	9 a	10 c	11 d	12 b	*Seite 76 ff.*
13 c	14 d	15 b	16 a	17 c	18 a	
19 b	20 b					

Film

1 c	2 a	3 d	4 c	5 b	6 c	▶ *Lösung zu*
7 b	8 a	9 c	10 d	11 d	12 a	*Seite 78 ff.*
13 b	14 c	15 b	16 a	17 c	18 b	

Sport

1 d	2 b	3 d	4 c	5 a	6 c	▶ *Lösung zu*
7 b	8 d	9 c	10 a	11 b	12 b	*Seite 80 f.*
13 c	14 d	15 d	16 c	17 c	18 d	

Lösungen – Intelligenztests

Scherzfragen

Beim Wort genommen

1 Buchstabe T 2 Buchstabe M 3 „Das“ 4 Nicht der Wein wächst, sondern die Reben 5 Ja, eine Taube frisst kein Pferd 6 Das Fragezeichen 7 Aus einem Ei 8 Er trinkt aus der Flasche

▶ *Lösung zu Seite 82 f.*

Zahlenzauber

1 60 2 60; Pferde bleiben immer Pferde und Kühe immer Kühe 3 Kein Rauch; Elektrolok 4 Die Zeit ist identisch 5 Keine; die restlichen fliegen weg 6 Alle; außer Februar 7 Ihr Alter 8 Niemals

▶ *Lösung zu Seite 83*

Kombiniere ...

▶ *Lösung zu Seite 84*

1 Auf dem Friedhof **2** Nein; dann ist er nicht mehr leer **3** Im Iglu **4** Seekrankheit **5** Ein Weg **6** Ein Loch in der Tasche **7** Männlicher Vogel **8** Im Februar; Monat mit den wenigsten Tagen

Knobelaufgaben

Nachdenken

▶ *Lösung zu Seite 84 f.*

1 Unmöglich; Eisbären leben am Nord-, Pinguine am Südpol **2** Die Mastspitze; wegen der Krümmung der Erde **3** Ja; Geburtstag am 31. Dezember, Aussage am 1. Januar **4** Am 39. Tag **5** Hörst du mich? **6** Weiß; Haus genau auf dem Nordpol **7** 79, da es das Jahr 0 nicht gibt **8** Die rechte Seite in einem Buch ist immer ungerade; aus diesem Grund kann die Seite 32 nicht fehlen, wenn die Seite 31 vorhanden ist.

Querdenken

▶ *Lösung zu Seite 85 f.*

1 Musiker **2** Sie sind Drillinge **3** Der Taxifahrer war zu Fuß unterwegs **4** Damenfußball **5** Vier; zwei brennen ab **6** Der Papagei ist taub **7** Sie spielen nicht gegeneinander, sondern gegen andere Partner **8** Er spielte Monopoly

Situationsdenken

▶ *Lösung zu Seite 86 f.*

1 Es handelt sich um Tomaten in Dosen **2** Fallschirmspringer; der Schirm hat sich nicht geöffnet **3** Das Kind fiel von der Fensterbank ins Zimmer **4** Von der untersten Sprosse gefallen **5** Sie ist kleinwüchsig und kommt nicht an den oberen Knopf **6** Er dreht mehrere Sicherungen heraus, dadurch werden die Nachbarn aufmerksam.

Problemdenken

▶ *Lösung zu Seite 87 f.*

1 Z.B. beide Uhren umdrehen; nach 7 Minuten Eier reinlegen; nach den verbleibenden 4 Minuten die 11er Uhr noch einmal umdrehen **2** „Was würde dein Bruder sagen, wenn ich ihn nach dem Weg zum Moor fragen würde?“ Die Antwort ist immer falsch **3** z. B. 1. „Ist die Kreide weiß?“ 2. „Ist die Kreide weiß?“ **4** „Ich sterbe genau einen Tag vor euch, Herr König!“ **5** Jäger **6** Zuerst die Kinder hinüber – eines bleibt am anderen Ufer, während das andere zurückrudert – ein Soldat überquert den Fluss – das Kind drüben bringt das Boot zurück - beide Kinder rudern hinüber - eines bleibt, während das andere zurückkommt - ein zweiter Soldat überquert den Fluss ... 7 Das erste Brett wird 0,70 m über den Bach gelegt (2,30 m Land!). Eine Person stellt sich auf den äußeren Punkt an Land, die andere Person legt das zweite Brett darauf und geht auf die andere Seite. Danach wird der Vorgang von der anderen Seite wiederholt. 8 Verhältnis 4:2:1 - Blumenkohl 4/7; Schlag 2/7; Kungel 1/7

Kombinationsvermögen

Wochentage finden

1 Sonntag 2 Montag 3 Dienstag
4 Montag 5 Donnerstag 6 Montag

▶ *Lösung zu Seite 88f.*

Verwandte finden

1 Dirk selbst 2 Der Vater von Herrn Klug 3 Die Schwester des Jungen will ihrer Tante etwas schenken. 4 Es handelt sich um Großvater, Vater und Sohn. 5 Sieben

▶ *Lösung zu Seite 89*

Logisches kombinieren

1 Claus 2 Porzellan 3 Heinz 4 Hald/Zahnarzt/Golf; Held/Jurist/Tennis; Hild/Pilot/Polo 5 A) Norweger B) Japaner

▶ *Lösung zu Seite 89ff.*

Häuser	*1*	*2*	*3*	*4*	*5*
Nationalität	Norweger	Italiener	Engländer	Spanier	Japaner
Farbe	Gelb	Blau	Rot	Braun	Grün
Zigaretten	Menthol	HB	Ernte	RH	West
Getränke	**Wasser**	Tee	Milch	Orangensaft	Kaffee
Tiere	Fuchs	Pferd	Schnecken	Hund	**Zebra**

Rechnen und Logik

▶ *Lösung zu Seite 91 f.*

1 A + D 2 b) 3 800; denn zwei Ohrringe und kein Ohrring entspricht einem Ohrring 4 Die meisten Angaben sind nicht notwendig. 11 Busse hin und zurück; d.h. er traf 10 Busse.

5

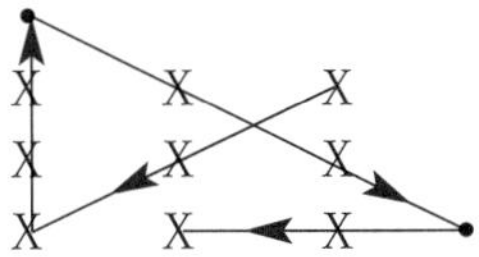

Verbale Intelligenz

Sprach-Analogien – Aufgabe 1

▶ *Lösung zu Seite 92 f.*

1 männlich 2 arm 3 fahren 4 Wurst 5 dunkel 6 Korb 7 Sturm 8 Apfelblüte 9 Stadt 10 Mauer 11 Seite 12 Szene 13 ängstlich 14 Diesel-/Benzinmotor 15 Absicht

Sprach-Analogien – Aufgabe 2

▶ *Lösung zu Seite 92 f.*

1 e 2 d 3 c 4 d 5 e 6 e 7 e 8 c 9 d 10 c 11 e 12 b 13 d 14 c 15 c

Synonyme finden

▶ *Lösung zu Seite 94 f.*

1 d 2 b 3 c 4 e 5 c 6 f 7 d 8 f 9 c 10 f

Antonyme finden

▶ *Lösung zu Seite 95*

1 c e 2 a b 3 b c 4 b d 5 a c 6 a d 7 a e 8 b d 9 a d 10 b c

Gemeinsame Eigenschaften erkennen

▶ *Lösung zu Seite 96 f.*

1 b 2 c 3 e 4 b 5 b 6 c 7 d 8 b 9 b 10 b 11 b 12 c 13 a 14 d 15 c 16 c 17 d 18 a 19 d 20 a

Stammwörter einsetzen

1 Wort 2 Rat 3 Probe 4 Elefant 5 Glück 6 Druck
7 Bank 8 Ring 9 Hunger 10 Familie 11 Jubel 12 Diamant
13 Kabel 14 Zug 15 Stempel 16 Pause 17 Nacht 18 Koch
19 Ehre 20 Baum

▶ *Lösung zu Seite 97f.*

Satzergänzungen

1 d 2 c 3 e 4 b 5 d 6 e
7 e 8 e 9 b 10 d 11 c 12 e
13 d 14 c 15 e 16 c 17 b

▶ *Lösung zu Seite 98 f.*

Sprichwörter zuordnen

1 G 2 C 3 J 4 A 5 H 6 B
7 D 8 I 9 F 10 E

▶ *Lösung zu Seite 100f.*

Wortsalat

Ein ist **Luft** Gas.
Man kann Zucker **Seewasser aus** nicht gewinnen.
Drei Dreieck hat **jedes** Seiten.
Debatten Sie in **seien** niemals ironisch.
Treuen haben wir unseren **leider** Hund verloren.
Das **bunten** pflückt der Mutter einen **Kind** Strauß.
Es läuft **laufen** alles so wie es **nicht** sollte.
Ein **Universität** ist zu Gast in der Kölner **Kinderchor**
Ich möchte Sie mit einem **vertraut** für mich unwahrscheinlichen Vorgang **wenigstens** machen.
Ein konservativer **Auszubildenden** übernimmt nach der Ausbildung leider keine **Unternehmer**

▶ *Lösung zu Seite 101*

Wörter bilden

1 Kühlschrank 2 Kollekten 3 Hotelführer
4 Miseren 5 Staubsauger 6 Parole
7 Gedicht 8 Sprecher 9 Autobahnen
10 originell 11 Verwaltung 12 Zwillinge
13 Alptraum 14 Prüflinge 15 Bürodienst
16 Kauffrau 17 Antlitz 18 Romantik
19 Glühbirne 20 Anonymität

▶ *Lösung zu Seite 102*

Rechenrätsel

Zeichen und Zahlen

▶ *Lösung zu Seite 103*

❶ Das Komma ❷ 23 + 21 ❸ 27 oder 5
❹ 99 : 9 = 11 und 3 + 3 : 3 = 4 ❺ 6,25 (x - 5 = 1/5x)

Strecken, Zeit und Geschwindigkeit

▶ *Lösung zu Seite 103f.*

❶ 6 Tage ❷ 10 km [x = 5 + ½ x] ❸ 20 Sekunden [20x = 100 + 15x]
❹ 24 km/h [Bei einer Strecke von 36 km fährt das Schiff hin 2 Stunden/ zurück 1 Stunde] ❺ d ist die bis zum Haus der Verlobten zurückzulegende Strecke. Dauer der Hinfahrt: d/17. Dauer der Rückfahrt: d/23. Gesamtdauer: 0,102d. Die Durchschnittsgeschwindigkeit beträgt also: 2d/0,102d = 19,6 km/h

Eine Frage des Verhältnisses

▶ *Lösung zu Seite 104*

❶ 30 Schweine und 15 Gänse [4x + 2 (45 - x) = 150]
❷ 48 Jahre [x + x/3 + x/2 = 88]
❸ 1760 bzw. 1650 Liter [¾ x = 4/5 y; x + y = 3410]
❹ zwischen 50 und 80 Quadratzahl 64 = 8 Kinder und 56 Enkel
❺ 11 Jungen [x + 2x + 2 (x + 2x) = 99]

Praktischer Alltag

▶ *Lösung zu Seite 105*

❶ 3 Socken ❷ 2m-Reihe = 6 Bäume, 1m-Reihe = 11 Bäume
❸ 48 cm [x + ¾ x = 84] ❹ 7,55 Min. [$\frac{1}{9} + \frac{1}{13} - \frac{1}{18} = \frac{31}{234}$] 1 Min. : $\frac{31}{234} = 1 * \frac{234}{31}$] ❺ x ist die unbekannte Zahl der Stufen. Wenn ich diese Treppe benütze, durchläuft sie x - 20 Stufen in 60 Sekunden. Bei meiner Freundin erreicht sie x - 16 Stufen in 72 Sekunden. Daher hat die Treppe eine Eigengeschwindigkeit von 4 Stufen in 12 Sekunden. Es laufen also 20 Stufen in 60 Sekunden durch: die Gesamthöhe der Treppe ist gleich der Summe dieser 20 Stufen plus der 20 weiteren, die ich selbst gestiegen bin, d. h. 40 Stufen.

Mathematische Intelligenz

▶ *Lösung zu Seite 105ff.*

❶ 7/31 ❷ Julia hat eine Chance von 1 : 6 ❸ ca. 41 500 Jahre (15!)
❹ 4320 [8! = 8*7*6*5*4*3*2*1] ❺ Nicht viel, denn das Mittel der 36 Würfe beträgt 12¼ ❻ m = Spieler der Gruppe B->Spiele der Gruppe B = m (m - 1) / 2->½ m (m - 1) - ½ (24 - m) (23 - m) = 69->m = 15->Spieler in Gruppe A->5 Unentschieden ❼ A) 48 Spiele; 8 * 6 B) 15 Spiele finden noch

statt; 4 Spiele gewinnen (8) 66 Partien =1320 DM (9) 2/5 * 7/10 *9/10 =126/500→1-126/500 = 0,748 (10) $\frac{1}{3} * \frac{1}{3} = \frac{1}{9} \rightarrow \frac{1}{3} + \frac{1}{3} - \frac{1}{9} = \frac{5}{9} \rightarrow 1 - \frac{5}{9} = \frac{4}{9}$
(11) 1 - 13*12*11/20*19*18 - 7*6*20/5*19*18 = 0,718
(12) 1/4* 1/6 * 48 DM=2 DM (entspricht dem Preis für die Parkuhr)

Zahlen- und Buchstabenquadrate

Magisches Quadrat 1

	1	2	3	4	5
A	11	-7	-1	-10	7
B	-2	-6	1	4	3
C	8	6	-12	9	-11
D	-8	10		2	-4
E	-9	-3	12	-5	5

▶ *Lösung zu Seite 108*

Magisches Quadrat 2

	1	2	3	4	5
A	25	6	22	10	2
B	18	12	5	21	9
C	1	24	8	17	15
D	7	20	11	4	23
E	14	3	19	13	16

▶ *Lösung zu Seite 108*

Magisches Quadrat 3

	1	2	3	4	5
A	17	3	10	14	21
B	19	11	12	18	5
C	13	20	4	6	22
D	1	7	23	25	9
E	15	24	16	2	8

▶ *Lösung zu Seite 109*

Magisches Quadrat 4

▶ *Lösung zu Seite 109*

	1	2	3	4
A	4	6	15	9
B	16	10	5	3
C	1	7	12	14
D	13	11	2	8

Magisches Quadrat 5

▶ *Lösung zu Seite 110*

	1	2	3	4	5
A	2	13	5	21	24
B	16	9	22	3	15
C	23	20	11	4	7
D	14	17	8	25	1
E	10	6	19	12	18

Magisches Quadrat 6

▶ *Lösung zu Seite 110*

	1	2	3	4	5
A	13	16	22	5	9
B	25	4	6	11	19
C	8	12	20	24	1
D	17	23	3	7	15
E	2	10	14	18	21

Magisches Produkt

▶ *Lösung zu Seite 111*

2	36	3
9	6	4
12	1	18

Buchstabenquadrat 1

P	U	T	I	J	R	E
U	E	P	J	R	I	T
E	J	R	U	P	T	I
I	P	J	T	E	U	R
R	T	U	P	I	E	J
T	R	I	E	U	J	P
J	I	E	R	T	P	U

▶ *Lösung zu Seite 111*

Buchstabenquadrat 2

D	B	C	E	A
E	A	D	B	C
B	C	E	A	D
A	D	B	C	E
C	E	A	D	B

▶ *Lösung zu Seite 112*

Merk- und Konzentrationsfähigkeit

Begriffe einprägen – Aufgabe 1

	A	B	C
1			
2			
3			
4			
5			
6			→

▶ *Tabelle zu Seite 112 f.*

Check	Am Start	Im Rennen

	A	B	C
7			
8			
9			
10			
11			
12			
13			
14			
15			
16			
17			
18			
19			
20			
21			
22			
23			

Begriffe merken – Aufgabe 2

	A	B	C	D	E
1					
2					
3					
4					
5					
6					
7					
8					
9					
10					
11					
12					
13					
14					
15					
16					
17					

Tabelle zu Seite 114

Sprachanalogien

▶ *Tabelle zu Seite 115*

		A	B	C	D	E
1	finden : verlieren = erinnern :					
2	Briefträger : Geldbriefträger = Schmied :					
3	Beratung : Beschluss = überlegen :					
4	Straßenbahn : Schiene = Omnibus :					
5	Sportler : Laufschuhe = Wissenschaftler:					
6	Holz : hobeln = Eisen :					
7	Silber : Gold = Fingerring :					
8	Blut : Ader = Wasser :					
9	Treppe : Leiter = Haus :					
10	Gebirge : Pass = Fluss :					
11	Blumen : Vase = Vogel :					
12	Nahrung : Gewürz = Vortrag :					
13	Zunge : sauer = Nase :					
14	Mantel : Rock = Wolle :					
15	Blindheit : Farbe = Taubheit :					

Synonyme zuordnen

	A	B	C	D	E	F
1	schnell					
2	anfangen					
3	Finsternis					
4	verstecken					
5	rau					
6	vernünftig					
7	schimpfen					
8	verstehen					
9	mächtig					
10	Mut					

▶ *Tabelle zu Seite 116*

Räumliches Vorstellungsvermögen

1 b 2 c 3 0 4 a 5 b 6 c
7 b 8 a 9 c 10 0 11 b 12 0

▶ *Lösung zu Seite 117*

Technisches Verständnis

1 b 2 a 3 b 4 b 5 a 6 a
7 b 8 a 9 c 10 b 11 a 12 b

▶ *Lösung zu Seite 118ff.*

Bildlogik

1 2 2 1 3 1 4 6 5 2 6 4
7 1 8 6

▶ *Lösung zu Seite 122f.*

Register

Danksagung

An dieser Stelle möchten wir uns ganz herzlich bei allen bedanken, die uns bei der Erstellung des Buches tatkräftig unterstützt haben. Unser ganz besonderer Dank gilt:

- Anna Stretz, Redaktion
- Dr. Edith Schütte, Diplom-Psychologin

Allen, die uns außerdem geholfen haben, im Chaos den Überblick zu behalten, sei an dieser Stelle herzlich gedankt.

Wenn Sie weitere Informationen zum Thema Bewerbung haben möchten oder an individueller Karriereberatung und Coaching interessiert sind, können Sie sich direkt an Frau Hertwig und ihr Team wenden:

[beruf + konzept]
Belzigerstraße 27
10823 Berlin

Telefon:	030/85077656
Fax:	030/85077657
E-Mail:	info@beruf-konzept.de
Homepage:	www.beruf-konzept.de

Sabine Hertwig · Alfons Weinem